Olivier Senechal

Pilotage des systèmes de production vers la performance globale

Olivier Sénéchal

Pilotage des systèmes de production vers la performance globale

Éditions universitaires européennes

Mentions légales/ Imprint (applicable pour l'Allemagne seulement/ only for Germany)
Information bibliographique publiée par la Deutsche Nationalbibliothek: La Deutsche Nationalbibliothek inscrit cette publication à la Deutsche Nationalbibliografie; des données bibliographiques détaillées sont disponibles sur internet à l'adresse http://dnb.d-nb.de.
Toutes marques et noms de produits mentionnés dans ce livre demeurent sous la protection des marques, des marques déposées et des brevets, et sont des marques ou des marques déposées de leurs détenteurs respectifs. L'utilisation des marques, noms de produits, noms communs, noms commerciaux, descriptions de produits, etc, même sans qu'ils soient mentionnés de façon particulière dans ce livre ne signifie en aucune façon que ces noms peuvent être utilisés sans restriction à l'égard de la législation pour la protection des marques et des marques déposées et pourraient donc être utilisés par quiconque.

Photo de la couverture: www.ingimage.com

Editeur: Éditions universitaires européennes est une marque déposée de Südwestdeutscher Verlag für Hochschulschriften Aktiengesellschaft & Co. KG
Dudweiler Landstr. 99, 66123 Sarrebruck, Allemagne
Téléphone +49 681 37 20 271-1, Fax +49 681 37 20 271-0
Email: info@editions-ue.com

Produit en Allemagne:
Schaltungsdienst Lange o.H.G., Berlin
Books on Demand GmbH, Norderstedt
Reha GmbH, Saarbrücken
Amazon Distribution GmbH, Leipzig
ISBN: 978-613-1-53169-9

Imprint (only for USA, GB)
Bibliographic information published by the Deutsche Nationalbibliothek: The Deutsche Nationalbibliothek lists this publication in the Deutsche Nationalbibliografie; detailed bibliographic data are available in the Internet at http://dnb.d-nb.de.
Any brand names and product names mentioned in this book are subject to trademark, brand or patent protection and are trademarks or registered trademarks of their respective holders. The use of brand names, product names, common names, trade names, product descriptions etc. even without a particular marking in this works is in no way to be construed to mean that such names may be regarded as unrestricted in respect of trademark and brand protection legislation and could thus be used by anyone.

Cover image: www.ingimage.com

Publisher: Éditions universitaires européennes is an imprint of the publishing house Südwestdeutscher Verlag für Hochschulschriften Aktiengesellschaft & Co. KG
Dudweiler Landstr. 99, 66123 Saarbrücken, Germany
Phone +49 681 37 20 271-1, Fax +49 681 37 20 271-0
Email: info@editions-ue.com

Printed in the U.S.A.
Printed in the U.K. by (see last page)
ISBN: 978-613-1-53169-9

Table des matières

Pilotage des systèmes de production vers la performance globale

I. Introduction générale

Si la performance a toujours été un objet de préoccupations pour les entreprises, ses modes d'interprétation et d'évaluation ont considérablement évolué depuis les débuts de l'ère industrielle. Autrefois mono-critère (productivité) la performance doit aujourd'hui être considérée de manière globale (productivité, flexibilité, coûts, délais, qualité, sécurité, performances sociales, performances environnementales,...) et sur l'intégralité du cycle de vie des produits (conception, réalisation, exploitation, destruction/recyclage). Cette évolution des critères d'évaluation, stimulée par une logique de développement durable génère une remise en question de l'instrumentation (au sens large) du pilotage des systèmes de production de biens et de services, pilotage dont la finalité est l'obtention de la performance globale.

Ce phénomène socio-économique a pour principal effet, au niveau de la recherche scientifique, une évolution vers l'interdisciplinarité de certains travaux individuels, mais aussi de laboratoires et de groupes de recherche, tant sous l'impulsion des sciences de l'homme et de la société (ECOSIP) que sous celle des sciences pour l'ingénieur et des Sciences et Technologies de l'Information et de la Communication (programme CNRS PROSPER, GRP, GDR MACS...).

Mes travaux de recherche, passés et à venir, s'inscrivent résolument dans cette logique de recherche interdisciplinaire, tout en s'appuyant sur les principes fondamentaux relatifs à ma discipline qu'est l'automatique, et plus généralement sur les principes de la cybernétique et de la systémique. La méthodologie de recherche mise en œuvre, caractéristique des sciences de l'artificiel et de la recherche-conception [PER 02], est en grande partie fondée sur la modélisation.

Cet ouvrage présente une synthèse des travaux menés jusqu'en 2004 sur la performance globale des systèmes de production, et plus particulièrement sur :

- Une approche cybernétique du pilotage des systèmes de production vers la performance globale, fondé sur une extrapolation des caractéristiques recherchées pour la performance des systèmes automatisés, avec les précautions qu'une telle extrapolation impose par rapport aux niveaux d'observabilité et de contrôlabilité caractérisant les systèmes de production. Cette approche constitue la base théorique sur laquelle s'articule l'ensemble des autres travaux que j'ai menés et encadrés, et avec laquelle je les justifie,

- Une méthodologie d'estimation et d'évaluation proactive des performances physico-économiques des systèmes de production dans une approche concourante,

- Une méthodologie d'aide à la conception innovante pour un coût objectif global,

- Une aide au pilotage des processus de coopération dans un contexte de développement des technologies d'information et de communication.

Il se termine par les conclusions et convictions auxquelles m'amène ce parcours.

II. Proposition d'une approche cybernétique du pilotage des systèmes de production vers la performance globale

L'approche présentée dans ce chapitre est à la fois une contribution à la recherche portant sur le pilotage des systèmes de production, et le guide méthodologique que je me suis construit et sur lequel je me suis appuyé pour conduire de manière logique et structurée mes travaux et ceux de mes doctorants, malgré l'influence très contextuelle des projets qui ont étayé cette recherche.

II.1. Positionnement dans le référentiel de l'automatique et de la systémique

Mes travaux s'appuient sur les fondements de la systémique de par les concepts qu'ils traitent, et sur la cybernétique et l'automatique de par les principes qu'ils mettent en œuvre.

II.1.1. Système

Un système peut être caractérisé par le triplet (être, faire, devenir) décrivant sa structure, sa fonction son évolution [LEM 94]. On peut noter que lorsque la complexité d'un système augmente (augmentation du nombre de composants et du nombre de relations entre ces composants), les propriétés qui le caractérisent dépendent de plus en plus de sa structure et de moins en moins de la nature de ses parties [BEV 95].

La vérification de ce principe dans le cas de la performance d'un système constitue l'un des postulats de base de mes travaux.

Bertallanffy définissant un système comme « un ensemble d'éléments en interaction » [BER 68], on peut se demander ce qui distingue une interaction entre deux composants d'un système, d'une interaction entre le système et un élément de son environnement. La notion de flux, caractérisant les éléments d'entrée et de sortie des «systèmes ouverts», et dont les états successifs sont identifiables, me semble être, pour lever cette ambiguïté, un bon outil d'analyse pour le pilotage des systèmes.

4

Par ailleurs, comme l'ont énoncé Aristote et Pascal, on ne peut prétendre étudier les propriétés d'un organisme en le décomposant en parties et en oubliant les interactions qui intègrent celles-ci dans l'ensemble, ce qui correspondrait à une approche réductionniste. On ne peut pas d'avantage considérer exclusivement que le système est un tout et que la connaissance de ses constituants est inutile, dans une logique purement holiste.

Je positionne par conséquent l'ensemble de mes travaux, et plus particulièrement le cadre de modélisation proposé, dans une démarche systémique fondée sur l'analyse des interactions entre les composantes d'un système, visant à maîtriser la performance globale en exploitant le paradigme structuraliste : compromis entre approches holistes (estimations analogiques, simulation…) et approches réductionnistes (estimations analytiques, …).

Mes travaux portent plus particulièrement sur les systèmes de production, que je considère comme une application du concept générique de système, et présentant la particularité d'exploiter des ressources internes ou externes pour créer (concevoir, réaliser et vendre) des produits, concept que je vais à présent préciser.

II.1.2. Produit

Nous avons noté précédemment que les frontières d'un système et ses effets sur son environnement peuvent être identifiés grâce aux flux qui le traversent. Ainsi Hubert Mulkens considère qu'un système peut être classé selon ce qu'il produit :

- système produisant des « objets » (par exemple, un système de fabrication de moteurs)
- système produisant un « comportement » (par exemple, un système de climatisation)

Je considère que les systèmes de production peuvent faire l'objet d'une telle distinction.

Si l'on a longtemps assimilé la notion de produit à celle de biens matériels (des « objets »), nous sommes aujourd'hui dans une société de plus en plus consommatrice de services (des « comportements »), et dans les pays autrefois qualifiés d'industrialisés, la production de biens laisse de plus en plus la place à la production de services.

Afin d'être plus formel dans la définition des flux créés et/ou transformés par un système de production, je retiens trois variables caractérisant l'état des différents flux caractéristiques d'un système de production : matière, énergie, information et décision [MUL 95].

On peut alors définir différents types génériques de processus (ou processeurs) selon les deux dimensions état et flux :

		VARIABLES d'ETAT		
		Temps	*Espace*	*Forme*
FLUX	*Matière*	Stockage	Transport	Transformation Intégration Filtrage Création Destruction
	Energie	Accumulation	Transfert	Consommation Transformation
	Information	Mémorisation	Communication Emission Réception	Traitement Génération Codage Décodage Régulation
	Décision	Mémorisation d'état	Commande	Réflexion

Tableau 1 : Processus génériques (inspiré de [MUL 95])

Cette caractérisation des processus me permet de considérer que toute production matérielle ou non, porteuse de valeur aux yeux de ses utilisateurs, et constituant la sortie d'un ou plusieurs processus volontaires, peut être qualifiée de *produit*.

II.1.3. Système de production

Je considère à l'instar du programme CNRS « PROSPER » et du pôle « Sciences et Techniques de la Production » du GDR MACS, que la notion de système de production doit être prise au sens large de système industriel manufacturier ou de processus à caractère discret, continu ou hybride et doit intégrer les points de vue sociaux, économiques, technologiques et environnementaux. Elle doit aussi intégrer la notion de production de services (hôpitaux, banques, grande distribution,...) et peut inclure le secteur du bâtiment [PRO 02].

De ce fait, je considère le système de production comme étant une catégorie particulière de système:

- constitué par un ensemble de ressources humaines, techniques et financières,

- placé dans un environnement naturel, économique, social et politique,

- fonctionnant pour sa propre pérennité, le bien de ses membres, de ses utilisateurs, de la société en général,

- réalisant des produits matériels (biens) ou immatériels (services),

6

- mettant en œuvre différents processus (de conception, de production, de gestion, de commercialisation,…),

- et dont la composition (équipements, effectifs, …), l'organisation, et les activités (innovations, externalisations,…) évoluent.

En outre, la notion de système étant multidimensionnelle, peuvent être qualifiés de systèmes de production un atelier de fabrication, une usine, une agence bancaire, un service hospitalier, un groupe industriel…

L'objectif global de mes travaux est de proposer des moyens rationnels de faire en sorte que les systèmes de production atteignent la performance globale (j'introduirai la notion de performance globale dans la partie II.3. puisque sa définition fait partie de mes contributions sur le sujet). Ils s'inscrivent donc par nature dans une démarche de pilotage, que je replace à présent dans son contexte théorique.

II.1.4. Pilotage

Dès la théorie de la transmission nerveuse développée par Descartes en 1664, puis dans l'essai sur la philosophie des sciences rédigé par Ampère en 1843 [AMP 43] et surtout dans les travaux de Norbert Wiener, qui fût l'un des premiers à utiliser le mot « cybernetics » issu du grec « kubernétiké » ou « art du pilotage » [WIE 48], la théorie des systèmes a progressivement été considérée en tant que thème de recherche derrière le terme « cybernétique ».

Wiener développe une grande partie de ses propositions sur la cybernétique autour de plusieurs concepts indispensables à la définition du pilotage : la commande (control), la transmission (communication), la rétroaction négative et l'isomorphisme.

Ces concepts se justifient par l'une des hypothèses fondamentales de la cybernétique, qui est que tout système est soumis à une boucle perturbatrice désorganisatrice, qui peut se montrer soit réellement antagoniste, soit amie renforçant l'état d'équilibre stable, et intègre une boucle réorganisatrice chargée de maintenir l'état du système qui lui permettra d'atteindre son but. Selon J.W. Forrester « La boucle de rétroaction est l'élément structurel fondamental des systèmes. Le comportement dynamique est généré par rétroaction » [FOR 80]. M.J. Avenier [AVE 84] prolonge ce raisonnement en affirmant que, piloter un engin revient en premier lieu à choisir un objectif par rapport auquel la meilleure trajectoire est définie. Une fois l'engin lancé, il s'agit de :

- corriger en permanence les écarts par rapport à la trajectoire,

7

-   modifier éventuellement la trajectoire, voire l'objectif, lorsque des informations sur l'univers extérieur et sur le comportement de l'engin montrent que le plan initial ne peut être maintenu.

Cette définition du pilotage est applicable aux systèmes de production, dès lors que l'on précise que plus que de simples informations, c'est l'appréciation (ou l'interprétation, qui sera définie plus loin) des performances du système qui conditionne les décisions de modification de trajectoire ou même d'objectifs. Cette particularité est due à dimension humaine des systèmes de production.

II.2. Contributions majeures et positionnement dans la communauté scientifique

II.2.1. Définition de la performance globale

En raison de la diversité des sens qui peuvent lui être attribués dans ses utilisations courantes, il est bien difficile de caractériser la performance puisqu'elle peut être résultat (lire tout Balzac…), meilleur résultat (celle du sportif), résultat idéal (celle du matériel), ou encore action (domaines linguistique et du spectacle).

Dans le domaine des sciences pour l'ingénieur, la notion de performance est très rarement définie car considérée comme implicitement connue. Les travaux du domaine du contrôle assimilent le plus souvent la performance à un indicateur de performance : temps d'exécution, quantité d'opérations, quantité de ressources utilisées…La plupart du temps, on considère qu'une proposition contribuant à l'amélioration de l'un de ces indicateurs, génère une réduction des coûts et implicitement une amélioration des performances. Certains chercheurs font l'effort de traduire un résultat en terme de coût, mais en utilisant malheureusement des pondérations simplistes issues du contrôle de gestion et admises, même si elles introduisent des distorsions dans l'image qu'elles donnent de la performance économique.

Depuis une vingtaine d'années, certains chercheurs en productique et en génie logiciel s'intéressent à la problématique de la performance industrielle et de l'instrumentation de son évaluation. J'évoquerai plus loin ces remarquables travaux réalisés sur la modélisation d'entreprises, les méthodes de conception de tableaux de bords, et sur les indicateurs de performances. Mais ici non plus, la notion de performance en elle-même n'a jamais été discutée, si ce n'est par référence aux travaux du contrôle de gestion développés par Kaplan, Cooper, Porter…et en France par Lorino, Lebas, Mévellec, Jacot…J'ai donc suivi le même chemin que mes collègues pour apporter une contribution à la définition de la performance globale.

Je définis la performance globale d'un système comme étant l'obtention conjointe de la pertinence, de l'efficience, et de l'efficacité, appréciées en termes de coûts et de valeur, sur l'intégralité du cycle de vie du système.

Je développe brièvement les raisons qui m'ont amené à cette définition.

Obtention conjointe de la pertinence, de l'efficience, et de l'efficacité...

L'analyse étymologique menée par Annick Bourguignon dans le domaine du contrôle de gestion, permet de retenir, sinon une définition, au moins une liste de caractéristiques que je considère irréfutables [BOU 95]:

- la performance dépend d'un référent : l'objectif (ou but),

- elle est multidimensionnelle si les buts sont multiples,

- elle est un sous-ensemble de l'action,

- au sens strict : elle est l'effet, le résultat de l'action,

- elle est subjective car elle est le produit de l'opération qui consiste à rapprocher la réalité d'un souhait.

- au sens large, dans une approche plus systémique, on peut considérer qu'un résultat n'est rien en soi mais qu'il est indissociable des moyens mis en œuvre pour l'obtenir (buts, activités, feedback) : la performance est l'ensemble des étapes logiques élémentaires de l'action, de l'intention au résultat effectif,

Prolongeant le point de vue de Jacques-Henri Jacot, je considère en outre que la performance ne se situe pas au niveau du résultat de l'action, ni de l'action en elle-même, ni même au niveau de l'objectif, mais qu'elle réside plutôt dans le compromis entre pertinence, efficience, efficacité et effectivité [JAC 90].

La pertinence est l'adéquation des objectifs et des moyens. Son évaluation passe par la question : 'Les moyens mis en œuvre correspondent-ils aux objectifs ?'.

Cette question est fondamentale en phase de conception du système de production car il s'agit d'une part, d'éviter le surdimensionnement coûteux et d'autre part, de se donner les moyens d'atteindre un certain niveau de satisfaction ou même plus simplement de garantir la faisabilité d'un projet.

L'efficience est l'adéquation des moyens et des résultats : 'Est-ce que les résultats sont suffisants compte tenu des moyens mis en œuvre ?'.

La performance est jugée en termes d'efficience essentiellement en phase d'exploitation du système de production. Si elle n'est pas satisfaisante, ce sont les décisions de pilotage (conduite et maintenance du système matériel) ou de management (système humain) qui seront à prendre. L'indicateur d'efficience par excellence est le rendement d'un système.

L'efficacité est l'adéquation des résultats et des objectifs : 'Est-on arrivé à ce que l'on avait l'intention de faire, à quel point l'objectif fixé est-il atteint ?'. Si l'efficacité du système, qui peut être bien souvent évaluée grâce à des indicateurs de qualité, n'est pas satisfaisante, les actions envisageables portent sur l'organisation interne du système et sur les différents paramètres de réglages (ou variables d'action) accessibles.

L'effectivité est l'adéquation des objectifs, des moyens et des résultats au regard de la finalité du système : «Est-il raisonnable de mettre en œuvre les moyens suffisants pour obtenir des résultats satisfaisants les objectifs que l'on cherche à atteindre ? ».

La performance jugée en termes d'effectivité peut amener à remettre en question l'existence même du système de production si ses finalités ne justifient pas les efforts à fournir.

Afin d'illustrer la démarche dans laquelle s'inscrivent mes travaux, je propose de représenter la performance par un tétraèdre [MAR 03]:

- dont la base est constituée de la pertinence, l'efficience et l'efficacité,

- dont la hauteur est l'effectivité.

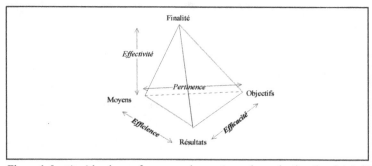

Figure 1: Le tétraèdre des performances des systèmes de production (inspiré de [BES 95])

Un tétraèdre régulier illustre ainsi une recherche équivalente de la pertinence, l'efficience, l'efficacité et l'effectivité.

De manière plus pragmatique, je considère qu'un système de production n'est véritablement performant que si sa finalité, les objectifs qui lui sont attribués, les résultats qu'il fournit et les moyens qu'il met en œuvre sont en parfaite cohérence.

Considérant que le problème d'effectivité se pose plutôt dans le domaine des sciences sociales, économiques et politiques, mes travaux ne concernent pas d'éventuels leviers d'action sur cette dimension de la performance. Je m'intéresse donc uniquement à la base de ce tétraèdre, c'est à dire le triptyque pertinence/efficience/efficacité.

Cet « équilibrage » du triangle de la performance peut s'exercer selon différents points de vue (économique, technique, social...), sur différents horizons (court terme, moyen terme, long terme), à différents niveaux (stratégique, tactique, opérationnel), se mesurer dans différentes unités (temps, quantités, niveau de qualité, unité monétaire...) ou s'apprécier plus qualitativement.

Dans un souci de simplification et d'amélioration de la lisibilité de la performance industrielle, Philippe Lorino considère que « est performance, dans l'entreprise tout ce qui, et seulement ce qui, contribue à améliorer le couple valeur-coût (a contrario, n'est pas forcément performance ce qui contribue à diminuer le coût ou à augmenter la valeur isolément) »[LOR 97]. La recherche de compréhension des mécanismes à l'origine de la performance des systèmes de production m'a par conséquent amené à approfondir l'étude des concepts de coût et de valeur.

... appréciées en termes de coût et de valeur...

L'image que donne un coût de la performance d'un système, dépend d'un certain nombre de facteurs internes et externes à ce système [POR 86], [BEL 90] : les économies d'échelle, les liaisons (internes ou externes à l'entreprise) entre activités, les interrelations avec d'autres unités d'une même entreprise, l'intégration des activités (ou internalisation, par opposition à l'externalisation), la localisation géographique des activités, la maturité technologique des produits, l'apprentissage individuel et organisationnel, l'inflation et l'érosion monétaire, les taux de change, la parité économique et les facteurs de conversion...

Un coût ne peut être consenti que s'il donne lieu à l'obtention d'une certaine valeur, et la performance est bien souvent jugée sur le « ratio » valeur/coût (le terme ratio est ici une métaphore, puisque coût et valeur ne se mesurent pas dans les mêmes unités). Ceci implique une très grande subjectivité dans l'appréciation de la performance puisque le coût est, comme nous venons de le voir, une image très discutable de l'effort admis pour l'obtention d'un résultat.

La valeur peut quant à elle être appréciée de diverses manières, selon les critères pris en compte.

- Les critères de signalisation sont les critères résultant des signaux de valeur ou des moyens utilisés par le client pour déduire ou calculer la valeur réellement créée par le fournisseur. Les critères de signalisation peuvent comprendre des éléments tels que la publicité, l'attrait des installations et la notoriété, le prix…[POR 86],.

- Les critères d'échange sont ceux pris en compte prioritairement dans la transaction commerciale, essentiellement le prix d'achat et à la perception qu'a l'acheteur de ce prix, mais aussi l'évolution de la valeur de revente au cours du temps.

- Les critères stratégiques sont ceux que le fournisseur prend en compte lorsqu'il cherche à orienter le client vers un comportement qui, à plus ou moins long terme, apportera une véritable valeur économique à l'entreprise. Ils déterminent la valeur réelle d'un ordinateur offert contre un abonnement à une connexion Internet, ou celle d'une climatisation offerte pour un euro lors de l'achat d'un véhicule neuf.

- Les critères d'usage traduisent la satisfaction générée par les services fournis par le système, même s'il est démodé et s'il ne représente plus de valeur d'échange (par exemple un véhicule automobile ancien fonctionnant correctement mais qui n'est plus coté à l'argus). Ici un seul agent économique intervient : l'utilisateur qui se distingue de l'acheteur [BEL 90].

- Les critères d'estime traduisent le plaisir ressenti par l'utilisateur lors de l'utilisation elle-même, ou par la simple possession du produit. Peu importe la valeur d'échange (flux monétaire envisageable en cas de vente), peu importe les services rendus (même s'il n'y en a pas), on estime l'objet uniquement pour ce qu'il est (exemple : tableau, décoration, voiture de collection hors d'usage…) [BEL 90].

- Les critères réglementaires et environnementaux sont ceux qui font par exemple que l'on admet de débourser quelques centaines d'euros pour une carte grise sans laquelle on ne peut profiter de certains éléments de valeur d'un véhicule, ou que certains préfèreront investir dans un véhicule électrique même si sa valeur d'échange (décote plus rapide) et sa valeur d'usage (moindres performances techniques) sont inférieures à celles d'un autre véhicule.

Cette vision nécessairement plurielle de la valeur, et donc de la performance [MAR 03] s'impose par le fait qu'elle concerne le système de production sur l'intégralité de son cycle de vie.

... sur l'intégralité du cycle de vie du système...

Toujours en référence à la systémique [MUL 95], je considère que le cycle de vie d'un produit est son « cycle matière », et que le cycle de vie d'un système de production est l'association des « cycles matières » de ses parties physiques et des « cycles comportementaux » du système dans sa globalité. Le contexte socio-économique actuel, fortement marqué par la mondialisation et l'émergence du développement durable, impose de prendre en considération, sur le cycle de vie du système, l'intégralité des performances induites par toute décision concernant le système de production.

Dans le prolongement du "Life Cycle Costing" [GOR 86], je considère que le développement durable dans lequel se doivent de s'inscrire les systèmes de production actuels, est une démarche visant à optimiser la performance globale (« Life Cycle Performance ») en recherchant le meilleur compromis entre toutes ces performances. Cette nécessaire globalisation de la performance n'est pas sans poser de problèmes. Tout d'abord, dans un système de production, la performance de chaque composant n'a effectivement de sens que si elle permet d'atteindre le niveau requis pour la performance de l'ensemble du système, sachant que la performance globale n'est pas égale à la somme des performances locales, et qu'il existe différents niveaux décisionnels (stratégique, tactique et opérationnel).

Cette première observation met en exergue les problèmes de déploiement et d'agrégation des performances, posés par le caractère multi-niveaux de la performance globale [DUCQ 95], et dans le cadre desquels le compromis holisme/réductionnisme évoqué précédemment trouve toute sa pertinence.

Ensuite, une réflexion en terme de performance globale impose que le système soit piloté non seulement en prenant en compte ses performances passées et actuelles, mais aussi les performances souhaitées à court, à moyen et à long terme. Ce deuxième point met en évidence les problèmes de prévision et d'actualisation des performances, résultant directement du caractère multi-périodes de la performance globale.

Enfin, au cours de son cycle de vie, le système de production sera évalué par une multitude d'acteurs (concepteurs, fabricants, utilisateurs directs et indirects, recycleurs…) dont les niveaux d'intérêt sont plus ou moins forts pour le système, et dont les critère d'appréciation de la valeur sont différents.

De ces différentes caractéristiques de la performance globale des systèmes de production, découlent un certain nombre de problèmes que j'ai abordés dans le cadre de mes travaux de recherche:

Caractéristiques de la performance globale	Problèmes à résoudre pour obtenir la performance globale
Multi-niveaux (Stratégique, tactique, opérationnel)	Agrégation et déploiement
Multi-périodes (court-terme, moyen terme, long terme)	Prévision et actualisation
Multi-acteurs (concepteur, fabricant…)	Evaluation multicritère

Tableau 2 : Problématique de la performance globale

Pour traiter ces problèmes, j'ai été amené à proposer un modèle générique du pilotage des systèmes de production. Ce modèle est justifié par le postulat partagé avec d'autres laboratoires (LAP GRAI, LAG, LASPI, LISTIC…) selon lequel un système de production est d'abord un système générateur de performances avant d'être un sujet de modélisation [SEN 98b].

II.2.2. Modèle générique du pilotage des systèmes de production

La boucle cybernétique sur laquelle s'appuient les travaux proposés est très classique, voire simpliste du point de vue de l'automatique. Mais comme le démontre Bruno Vallespir, le caractère fortement transactionnel et faiblement formalisable des systèmes de production les rendant difficilement observables et contrôlables, il est utopique proposer un modèle prétendu précis, exhaustif et réaliste [VAL 03]. Notre modèle présente par contre la particularité de ne pas comporter d'étape de mesure mais une étape d'interprétation, et de situer précisément la notion d'évaluation qui, comme la performance, fait rarement l'objet de définitions précises.

Ces notions d'interprétation et d'évaluation sont particulièrement importantes dans le comportement de systèmes composés d'éléments humains, comme le sont les systèmes de production.

Lamia Berrah l'a démontré lors de ses travaux sur les indicateurs de performances [BER 97], la notion seule de mesure est réductrice car elle ne peut suffire à l'élaboration d'un diagnostic pertinent. Elle doit donc être complétée par une appréciation, une interprétation par rapport à une vision globale ou cadre de référence.

L'interprétation porte sur les effets du système opérant ou même souvent sur les données représentatives de ces effets. Certains considèrent aujourd'hui que la pertinence d'une évaluation tient plus à la qualité de l'interprétation qu'à l'exactitude et à la précision des calculs [LER 96].

L'interprétation donne naissance aux résultats, c'est à dire des informations objectivées sur les effets des actions du système opérant. Ainsi un même événement peut générer plusieurs résultats différents, tant dans leur forme que dans leur signification.

Par exemple, l'augmentation de la vitesse de rotation d'un moteur pourra se traduire par une augmentation du niveau sonore pour une personne passant à proximité de la machine, par une évolution de l'indicateur de vitesse de la machine sur le pupitre de surveillance de l'opérateur, par une augmentation du rythme de production pour l'agent de maîtrise ou encore par une évolution du spectre vibratoire de la machine pour l'opérateur de maintenance.

Le résultat qui en découle sera pour la première personne une dégradation de l'environnement sonore, une consommation supérieure en énergie pour l'opérateur, une augmentation de la productivité pour le cadre, et une augmentation des sollicitations de la machine pour l'opérateur de maintenance.

Il est évident que ces différents résultats ne traduisent pas une même évolution en terme de performance, et qu'ils peuvent donner lieu à des actions contradictoires.

L'interprétation constitue donc l'élément fondamental de différenciation entre une approche purement cybernétique basée sur le paradigme du contrôle-commande (ou simplement du contrôle pour les gestionnaires), et une approche intégrant la composante humaine.

D'après Philippe Lorino, l'acteur humain est caractérisé par une certaine autonomie cognitive (chacun détient en propre sa part de la connaissance nécessaire à l'action) et une autonomie politique (chacun détient sa part de pouvoir), qui lui confèrent une liberté d'interprétation des effets qu'il produit comme des ordres qu'il reçoit. L'auteur va ainsi jusqu'à dire que « le pilotage réel, quel qu'en soit le sujet, ne s'exerce jamais sur une action mais sur une interprétation » [LOR 97].

Selon J.H. Jacot, [JAC 96] " L'évaluation consiste à assigner une valeur bonne ou mauvaise, meilleure ou pire, à une chose ou à un événement (en l'occurrence, aux résultats relevés). Ce n'est donc pas simplement mesurer la valeur en quelque sorte intrinsèque des objets. C'est établir un ordre de préférence ». L'évaluation doit donc générer des informations suffisamment pertinentes pour prendre les bonnes décisions, c'est à dire nécessaires et suffisantes au regard des objectifs recherchés.

L'évaluation est ainsi posée comme « problème à résoudre », et renvoie à une approche dynamique similaire à la conception de système. Au-delà d'une simple mesure comptable de résultat, la démarche d'évaluation ne prend donc tout son sens que dans la perspective d'actions destinées à atteindre le niveau de performance explicité par la définition des objectifs.

De ce point de vue, il est possible de classer les démarches d'évaluation de performance en s'interrogeant sur la phase d'action. C'est la logique adoptée par Y. Frein et C. Tahon qui distinguent les démarches d'évaluation a priori et a posteriori [FRE 98], [TAH 00].

Je propose ci-dessous un modèle du pilotage cybernétique des systèmes de production intégrant les remarques qui viennent d'être faites. Cette boucle se veut générique, et applicable si bien en phase de conception, qu'en phase d'exploitation d'un système de production (l'exploitation du système de production est vue dans ce cas dans le cadre de la conception et/ou de la réalisation d'un produit).

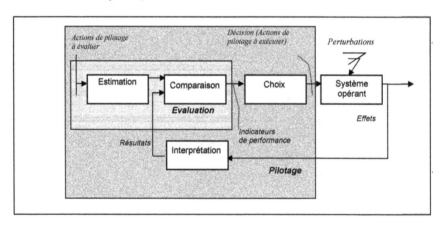

Figure 2. Proposition de modèle générique du pilotage des systèmes de production

Les travaux que j'ai réalisés et encadrés visent à « remplir » certains des blocs de cette boucle, dans des contextes différents. Je présente maintenant les caractéristiques du système de production que ces propositions cherchent à atteindre pour obtenir la performance globale.

II.2.3. Extrapolation des principes du pilotage des systèmes automatisés aux systèmes de production

Je considère que ma démarche s'inscrit dans la lignée des travaux relatifs à l'automatisation de l'automatisation [ALA 88], [MOR 88], consistant à appliquer au procédé d'automatisation les mêmes fondements de la cybernétique que ceux appliqués au système à automatiser.

Je propose d'aller plus loin en appliquant au pilotage des systèmes de production certains principes relatifs au pilotage des systèmes automatisés. Bien entendu, les propositions faites à ce sujet tiennent compte du caractère fortement transactionnel et faiblement formalisable des systèmes de production, qu'a notamment mis en évidence Bruno Vallespir [VAL 03]. Je considère comme lui que du fait de sa complexité et de la forte influence de ses parties constitutives « humaines », il existe au sein d'un système de production de nombreux états *non formalisables mais significatifs*, rendant toute tentative d'automatisation totale absurde et vaine. La solution permettant de conserver la (ou une certaine) maîtrise des états significatifs non formalisés est de doter le système de conduite du générateur de variété qu'est l'être humain, en lui apportant une aide et un cadre décisionnel nécessaires pour éviter les écueils d'une trop grande liberté décisionnelle.

Le principe retenu pour constituer ce cadre est la recherche de quatre caractéristiques pour le système de production, qui sont relativement classiques dans le domaine de l'automatique [DIN 81] : la précision, la rapidité, la stabilité et la robustesse.

En automatique, un système est dit précis si l'écart entre la consigne qui lui est appliquée et le résultat qu'il fournit (l'erreur) est faible. La *précision* statique correspond à une entrée constante lorsque $t \to \infty$, la précision dynamique correspond à une entrée dynamique lorsque $t \to 0$. On distingue l'erreur en poursuite (variations de la consigne) et l'erreur en régulation (variations dues aux perturbations).

Cette définition est parfaitement applicable aux systèmes de production, la consigne étant l'objectif que l'on lui assigne (chiffre d'affaire, volume de production, taux de progression, TRS, MTBF...) et la perturbation est un événement externe contribuant à la boucle désorganisatrice évoquée au chapitre II.1.4.(défaillance d'un équipement, d'un fournisseur, grève, incendie, ...).

Que ce soit en poursuite ou en régulation, les erreurs introduites par les systèmes de pilotage des systèmes de production actuels sont loin d'être négligeables, et les raisons en sont nombreuses :

- les processus de déploiement et d'agrégation des objectifs et des performances introduisent des dérives dans la chaîne directe et/ou la boucle de retour [DUC 99]: les actions opérationnelles, aussi précises soient-elles, ne garantissent pas la précision d'actions tactiques, encore moins stratégiques. Les approximations et hypothèses très simplificatrices faites notamment par les modèles comptables, amplifient cette imprécision [BER 86], [COO 91], [MEV 91],

- les processus de conversion assurant la continuité de la chaîne d'évaluation des performances sont parfois discutables, lorsqu'ils ne sont pas basés sur des principes de la physique. L'indicateur de criticité, utilisé dans les approches AMDEC et RCM, est un bon exemple d'imprécision de certains indicateurs de performances tactiques (gravité et fréquence décrites en termes de « classes ») [ZWI 96], [MSG 01], et cette réfutabilité est d'autant plus grande que l'on aborde le niveau stratégique [POR 86].

- les phénomènes d'interprétation introduisant une part de subjectivité dans l'évaluation [LER 96], [LOR 97], il en résulte que même des approches analytiques supposées donner des résultats au centième d'unité près guident des décisions dont la portée peut varier de plusieurs milliers d'unités (par exemple, le fait qu'un coût de production soit inférieur de quelques centimes à un seuil donné va occasionner le lancement de plusieurs milliers d'unités supplémentaires),

- les perturbations subies par les systèmes de production ont parfois des amplitudes telles qu'aucune régulation ne peut permettre d'y faire face avec précision : panne d'une ressource de production goulet, conditions climatiques exceptionnelles, phénomènes politiques ou de société dans un pays client, …dans ce genre de situation, la principale caractéristique recherchée sera la stabilité que j'évoque plus loin.

Cette notion de précision est bien entendu relative au niveau décisionnel abordé : la cible visée concernant l'erreur est différente aux niveaux stratégique, tactique et opérationnel.

La rapidité, ou aptitude du système à réduire le temps qui sépare l'émission de la consigne qui lui est appliquée, de l'obtention du résultat correspondant, est une autre notion étroitement liée au niveau de décision et à la phase du cycle de vie du système.

En effet, si l'on compare les phases de conception et d'exploitation des systèmes de production, on constate que la contrainte temporelle est sensiblement moins forte dans le premier cas que dans le second [TRE 03]. La rapidité du système de production est donc une caractéristique particulièrement recherchée en phase d'exploitation, et de nombreux éléments de performance en dépendent. Par exemple, le temps moyen d'indisponibilité d'un équipement (MDT : *Mean Down Time*) dépend notamment de la rapidité de rédaction et de transmission de documents tels que l'ordre d'intervention, qui constitue la consigne soumise au système de pilotage de l'activité de maintenance.

De nombreux problèmes d'inertie des systèmes de production, s'opposant à cette rapidité, peuvent à mon avis être résolus grâce à trois leviers d'action : l'optimisation du système d'information (les bonnes informations, au bon endroit, au bon moment), la formation et la motivation des intervenants (toujours prêts, matériellement, intellectuellement et psychologiquement à intervenir), et l'organisation des systèmes de production (organisation selon les processus plutôt que selon les services).

En automatique un système est dit stable si toute application d'un signal d'entrée borné à ce système fournit une sortie bornée (stabilité BIBO : *Bounded Input Bounded Output*) [LON 95]. Cette définition de la stabilité des systèmes automatisés est également transposable aux systèmes de production. Si l'on peut difficilement appliquer une impulsion théorique à un système de production, la versatilité du marché et l'agressivité de la concurrence, génèrent des variations de sollicitations brutales et ponctuelles faisant de la stabilité le principal moyen de maîtriser les risques économiques.

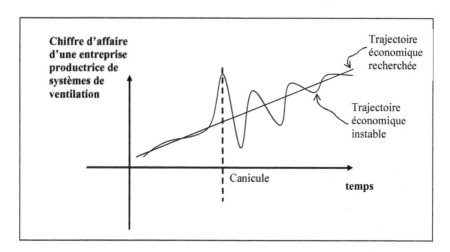

Figure 3. Système de production instable (cas d'une entreprise)

Au niveau de décision stratégique qui caractérise ces acteurs du système de production, une augmentation de la demande due à un phénomène socio-économique de courte durée (ex : la

19

demande du marché en production de ventilateurs en période de canicule…), peut être comparée à une consigne sous forme d'impulsion, qui ne doit pas nuire à la progression recherchée des résultats de l'entreprise pour cause de production oscillatoire en réaction à cette situation exceptionnelle.

Je qualifierai plus généralement de stabilité des systèmes de production l'aptitude qu'ils présentent à recouvrer rapidement la trajectoire économique qui leur a été assignée, suite à l'occurrence des perturbations ou des variations de consignes ponctuelles.

Pour garantir cette stabilité, l'organisation des systèmes de production en réseaux (firme réseau et réseau de firmes [BUR 02]) est une solution aujourd'hui largement développée.

Si l'organisation en réseau semble plus apte à réagir à un environnement en évolution permanente c'est parce qu'elle est gouvernée par un objectif global de flexibilité et de stabilité. Les relations marchandes tendent à céder le pas à des relations durables avec les clients, les fournisseurs voire les concurrents, fondées sur la complémentarité des compétences, et l'existence d'un équilibre dans le jeu " gagnant-gagnant " entre les partenaires [BUR 03].

Enfin, dans les applications industrielles, les caractéristiques des systèmes asservis telles que leur fiabilité varient, notamment à cause du vieillissement des composants du procédé, des capteurs et des actionneurs. De ce fait, il apparaît une détérioration des performances.

Il faut donc apporter des mesures compensatoires qui confèrent la robustesse nécessaire aux systèmes de production, c'est à dire une aptitude à conserver leur capacité à atteindre un niveau donné de performance dans un environnement évolutif.

Cette robustesse passe essentiellement selon moi, pour les systèmes de production, par l'application de deux stratégies concernant autant les opérateurs humains, que les éléments physiques et techniques des systèmes de production :

-   la maintenance : sur le plan humain, la maintenance repose sur la capitalisation des connaissances permettant que le savoir et le savoir-faire, éléments fondamentaux de la performance du système de production, ne disparaissent pas lors du départ des individus porteurs de ce savoir et savoir-faire. Sur le plan technique, la maintenance est définie par la Norme AFNOR X 60-010 comme étant « l'ensemble des actions permettant de maintenir ou de rétablir un bien dans un état spécifié ou en mesure d'assurer un service déterminé ». Je développerai plus particulièrement cet aspect au chapitre IV.3. de ce mémoire.

- le renouvellement : techniquement, la mise à jour et la veille technologique permettent de limiter, et si possible d'éviter la dégradation des performances du système de production, relativement au progrès technologique qui caractérise son environnement, et dont peut bénéficier la concurrence. Pour les ressources humaines, la mise à jour et la gestion des compétences, permettent une exploitation pertinente de ces dernières, adaptée aux évolutions technologiques, méthodologiques et organisationnelles que doit suivre le système de production.

Nous avons vu au chapitre II.2. que la performance globale réside dans l'obtention conjointe de la pertinence, de l'efficience et de l'efficacité sur l'intégralité du cycle de vie du système de production et du produit.

De même qu'un système automatisé est d'autant plus performant qu'il est précis, rapide, stable et robuste, je considère qu'un système de production est d'autant plus apte à atteindre cette performance globale qu'il présente ces mêmes caractéristiques.

II.2.4. Mise en œuvre dans le cadre de la recherche et de l'encadrement de la recherche

Ayant introduit les principes généraux qui m'ont servi de guide depuis l'obtention de mon doctorat, je présente maintenant les sujets auxquels j'ai plus particulièrement consacré mon travail de recherche et d'encadrement de la recherche, et positionne ces sujets dans le cadre précédemment présenté.

J'ai considéré trois leviers d'action sur la robustesse, la stabilité, la précision, et la rapidité des systèmes de production : l'estimation des performances physico-économiques dès la conception dans un contexte d'ingénierie concourante, l'évaluation du coût et de la valeur globale des innovations, et l'aide au pilotage des processus coopératifs.

Il existe bien entendu de nombreux autres leviers d'action : outils de gestion avancée, gestion des compétences, ingénierie des connaissances, logistiques…

Bien que ces sujets n'aient pas été mes principaux objets de préoccupation, les leviers d'actions sur la performance étant pour la plupart complémentaires et non exclusifs, nous verrons plus loin que certains de ces sujets sont liés aux trois leviers retenus.

Mes travaux ont consisté à agir sur ces leviers comme des éléments du pilotage des systèmes de production de manière à ce que la robustesse, la stabilité, la précision et la rapidité qui en découlent aboutissent à la performance globale, c'est à dire l'obtention conjointe de la pertinence, l'efficience et de l'efficacité sur le cycle de vie.

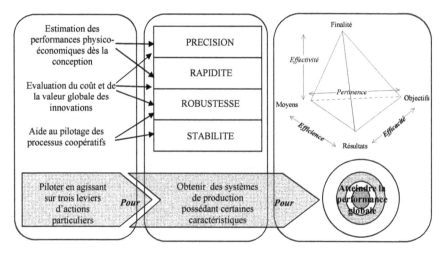

Figure 4. Logique de recherche de la performance motivant mes travaux

En phase de conception, il est le plus souvent impossible de mesurer les effets des décisions prises (par exemple, le choix d'un dimensionnement) alors que ces effets n'existent pas encore (le système n'a pas encore été fabriqué, et bien sûr encore moins exploité).

Que ce soit lors de la conception d'un produit qui sera réalisé par le système de production, lors de la conception du système de production en lui-même, ou lors de la conception simultanée des deux, une partie de la performance se manifeste lors de l'exploitation du système de production.

C'est à l'estimation des performances physico-économiques des systèmes de production dès leur conception et/ou celle du produit que je me suis par conséquent intéressé.

Ces propositions visent une *précision* que je qualifie de « logique », par une meilleure prise en compte des liens de cause à effet existant entre toute décision prise en conception, et l'ensemble de ses conséquences génératrices de performances (positives ou négatives).

La prise en compte de ces liens de cause à effets, pour la plupart occultés par les méthodes classiques d'estimation économique, doit aboutir à des résultats finaux plus proches des objectifs, et par conséquent à une erreur plus faible.

La démarche proposée intègre d'autre part l'adaptation des modèles d'estimation des performances et de comparaison des alternatives de conception, en vue de garantir la *robustesse* du système de décision.

Ces propositions étant basées sur les concepts d'activité et de processus, elles contribuent également au gain en *rapidité* du processus de conception. En effet, de nombreux processus étant itératifs dans l'entreprise (car faisant partie du cycle de vie « comportemental » défini par [MUL 95]), ils ne sont modélisés qu'une seule fois, et seuls font l'objet d'une nouvelle modélisation, les processus directement liés à la mise en œuvre d'une nouvelle décision de conception. Notre approche s'inscrit donc ici dans une logique de capitalisation de connaissances.

J'ai ensuite exploré une voie susceptible de renforcer la *robustesse* des systèmes de production : le renouvellement, étudié sous la forme particulière de l'innovation (renouvellement de produits), comme démarche source de conquête d'un nouveau marché et/ou de pérennité dans un positionnement préétabli.

C'est encore une fois aux liens de causalité associant décisions (innovantes) et conséquences de ces décisions en termes de valeur et de coûts globaux qu'avec Fédéric Tomala nous nous sommes intéressés, en proposant une approche d'estimation basée sur ces deux critères.

Je me suis enfin intéressé aux leviers d'actions sur la *stabilité* des systèmes de production, et plus particulièrement aux processus coopératifs. Notamment à l'occasion du programme PROSPER, nous avons identifié les effets des processus coopératifs sur la performance globale.

Pour amplifier les effets positifs, j'ai contribué à l'instrumentation de ces processus par un cadre d'analyse des contextes favorables à la coopération performante, et par la spécification d'un système d'information coopératif pour la conception concourante et la maintenance.

II.3. Performances des propositions

Comme je l'ai précisé précédemment, le cadre de modélisation proposé est avant tout le support méthodologique de mes recherches et des recherches que j'ai encadrées, et il est très difficile d'en évaluer la performance en tant que tel.

Je propose cependant d'apprécier la pertinence et l'efficience de cette approche, son efficacité ayant été évaluée par mes pairs lorsqu'ils m'ont accordé l'habilitation à diriger des recherches ?

II.3.1. Pertinence

J'ai tout d'abord soumis l'idée de cette démarche à la communauté des sciences de l'homme et de la société (économistes, contrôleurs de gestion, psycho ergonomes,...), dans le cadre du groupe de travail ECOSIP (de 1995 à 1998), plus particulièrement aux membres des deux sous groupes « Performance des processus de conception » piloté par Jacques PERRIN de l'INSA de Lyon, et « Indicateurs de performance financiers et non financiers » piloté par Pierre-Laurent BESCOS de l'Ecole Supérieure de Commerce de Paris.

Le principe d'une vision cybernétique du pilotage des systèmes de production étant à l'origine même du contrôle de gestion, les propositions d'un chercheur en automatique ont été accueillies avec considération. Par contre, de nombreuses discussions ont eu lieu sur l'idée de modéliser les processus et ressources du système de production en vue d'estimer ses performances, par l'intermédiaire de simulations mettant en cause les traditionnelles clés de répartition utilisées en comptabilité (démarche présentée au chapitre III).

Après avoir démontré les avantages d'une modélisation hybride systémique/analytique mettant en application le paradigme structuraliste, la pertinence d'une telle démarche a été admise et mon doctorant David Raviart et moi-même avons contribué à un ouvrage collectif du groupe ECOSIP [SEN 99b].

Après avoir été longuement discutée avec les chercheurs du LAP GRAI de Bordeaux (Guy Doumeingts et Bruno Vallespir) cette démarche a été ensuite soumise à l'évaluation de la communauté productique dans le cadre de mes interventions au sein de différents groupes de travail du Groupement de Recherche en Productique [SEN 98a] (GRP, de 1998 à 2003).

J'ai pu à cette occasion ajuster mes propositions en y intégrant les points de vue de mes collègues chercheurs au LAG, LAP GRAI, LASPI, LLP LISTIC, LIMOS, LAIL, etc... De ces confrontations et de ces enrichissements mutuels résulte un ouvrage collectif portant sur l'évaluation des performances des systèmes de production, où j'ai contribué à la rédaction de plusieurs chapitres [BES 03], [BUR 03], [MAR 03], [SEN 03a], [TOM 03a].

Enfin, étant depuis plus d'un an impliqué dans la recherche et l'animation de la recherche sur la maintenance coopérative et distribuée (GT MACOD), j'ai également eu l'occasion de soumettre certains points de vues sur la performance globale des systèmes de production et sur leur pilotage à des collègues d'autres laboratoires (LAB, CRAN, LGP, ISTIT/LOSI, LAGIS, CREGI, ...).

Certaines de ces propositions ont, il me semble, été jugées pertinentes, par exemple la définition de la performance comme compromis entre pertinence, efficience et efficacité, qui a été retenue comme argumentation de la recherche en processus décisionnel en maintenance par Benoît Iung, dans le cadre de son habilitation à diriger des recherches [IUN 02].

II.3.2. Efficience

L'efficience est la dimension de la performance la plus facile à quantifier. En tant que support méthodologique de recherches sur le pilotage des systèmes de production, je propose de mesurer l'efficience de ces propositions par la production scientifique correspondante.

Celle-ci est étroitement liée aux échanges évoqués précédemment avec la communauté scientifique francophone.

En effet, le nombre de glossaires proposés par chacun des groupes de recherche ayant travaillé sur le sujet témoigne de la difficulté à éluder les ambiguïtés linguistiques qui le concernent, et la nécessité d'une compréhension parfaite dans les échanges de points de vue m'ont amené à me limiter à une production francophone :

[CAM 00] CAMPAGNE J ;P., SENECHAL O., *La coopération : motivation, apports et éléments d'évaluation*, Journée Plénière du programme CNRS PROSPER « Gestion des connaissances, coopération, méthodologies de recherche interdisciplinaires », Toulouse, 7 et 8 Juin 2000.

[CAM 02] CAMPAGNE J-P., SENECHAL O., *Les nouvelles exigences de coopération*, Chapitre 1 de l'ouvrage collectif PROSPER « Coopération et connaissance dans les systèmes industriels. Une approche interdisciplinaires », coordonné par R. Soënen et J. Perrin, Hermès 2002, ISBN 2-7462-0528-9.

[BES 03] BESOMBES, B., SENECHAL, O., BURLAT, P. *Evaluation de performance et proximité*. Chapitre 5 de l'ouvrage collectif GRP « Evaluation des performances des systèmes de Production », coordonné par C. Tahon, Traité IC2 Hermès Paris, Mars 2003, (pp. 107-120).

[BUR 03] BURLAT, P., MARCON, E., SENECHAL, O., DUPAS R., BERRAH L. *Démarches d'évaluation et de pilotage de la performance*. Chapitre 3 de l'ouvrage collectif GRP « Evaluation des performances des systèmes de Production », coordonné par C. Tahon, Traité IC2 Hermès Paris, Mars 2003, (pp. 49-77)

[MAR 03] MARCON E., SENECHAL O., BURLAT P., *Concepts pour l'évaluation des performances des systèmes de production*, Chapitre 1 de l'ouvrage collectif GRP « Evaluation des performances des systèmes de Production », coordonné par C. Tahon, Traité IC2 Hermès Paris, Mars 2003, (pp 29-47).

[SEN 97c] SENECHAL O., RAVIART D., TAHON C. : *Consequences of current organizational concepts on management control and design/production processes interactions*. Proceedings of the Sixth International Conference on Computer Applications in Production and Engineering (CAPE'97), Edited by F. Plonka and G. Olling, IFIP, Chapman&Hall, 1997.

[SEN 98a] SENECHAL O., DOUMEINGTS G., TAHON C., VALLESPIR B., *Pilotage de la performance par les activités,* Session invitée du programme CNRS PROSPER, Journée « Evaluation de performances », 6 Mai 1998.

[SEN 99b] SENECHAL O., TAHON C., *Simulation de la production pour la conception simultanée du produit et du processus de réalisation,* Chapitre 5 de l'ouvrage collectif ECOSIP « Pilotage et évaluation des processus de conception », coordonné par J. Perrin, Collection Economiques, éditions L'Harmattan Paris, mars 1999, pp 107-136.

[SEN 00a] SENECHAL O., *Modes de coopération dans un projet de conception à caractère innovant,* Journée du programme CNRS PROSPER « Coopération dans les systèmes de production », Paris, 17 Février 2000.

[SEN 03a] SENECHAL, O, GIRARD P., TOMALA F., TRENTESAUX, D. (2003). *Le cycle de vie du système de production* Chapitre 4 de l'ouvrage collectif GRP « Evaluation des performances des systèmes de Production », coordonné par C. Tahon, Traité IC2 Hermès Paris, Mars 2003, (pp. 81-104)

[TRE 02] TRENTESAUX D., SENECHAL O. *Conduite des systèmes de production manufacturière ,* Techniques de l'Ingénieur- Informatique Industrielle, S 7598, Paris 2002.

[TOM 03a] TOMALA, F., SENECHAL, O. *Évaluation prospective de la performance des systèmes de Production – Considérations économiques.* Chapitre 6 de l'ouvrage collectif GRP « Evaluation des performances des systèmes de Production », coordonné par C. Tahon, Traité IC2 Hermès Paris, Mars 2003, (pp. 123-141)

III. Méthodologie d'estimation et d'évaluation proactive des performances physico-économiques des systèmes de production dans une approche concourante

III.1. Contributions majeures et positionnement dans la communauté scientifique

III.1.1. Approche cybernétique de l'évaluation des performances en phase de conception

Le paradoxe de l'évaluation de performances en phase de conception de produits est aujourd'hui bien connu : c'est en conception que les décisions prises ont la plus grande influence sur les performances globales du produit, c'est également en phase de conception que les investissements sont les plus faibles, mais c'est aussi en phase de conception que l'on dispose le moins d'éléments tangibles d'évaluation de cette performance.

L'évaluation ne peut dans ce cas être fondée sur une *mesure* des performances d'une entité qui n'existe pas, mais sur des *estimations* de ces performances obtenues d'une part à partir d'une mesure de l'existant (autres produits, système de production préexistants) et d'autre part à partir de *modèles* permettant cette estimation et la comparaison avec des solutions de conception alternatives.

On en déduit une instanciation de la boucle générique présentée au paragraphe II.2.2.

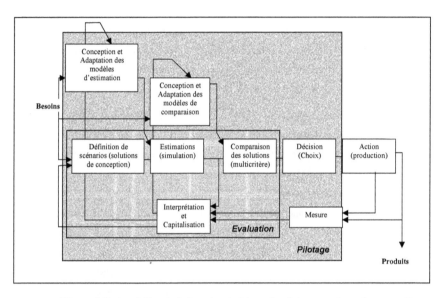

Figure 5. Instanciation de la boucle générique de pilotage en phase de conception

Une fois de plus, l'objet de cette boucle est de permettre la structuration et l'instrumentation méthodologique et logicielle du processus de conception, et non pas de l'automatiser.

La présence de l'étape d'interprétation et de capitalisation est d'ailleurs la preuve d'une indispensable prise en compte de l'acteur humain dans cette boucle, empêchant son automatisation.

Notre approche intègre plus particulièrement la dimension humaine de la boucle de pilotage du processus de conception par les trois points suivants :

- une réflexion sur la performance du processus de conception, basée sur la *valeur* qu'il fournit : le produit d'un processus de conception n'est pas l'artefact dont le client de l'entreprise fera l'acquisition, ni même ses constituants, mais une modélisation de ces entités

27

prenant la forme de plans, de nomenclatures ou même de gammes, au mieux de prototype réalisé dans des conditions très éloignées de la production. Les utilisateurs de ce produit sont très indirectement le client final, mais de manière beaucoup plus immédiate l'ensemble des intervenants de l'entreprise situés en aval de la conception : services méthodes, industrialisation, production (dont le service maintenance), marketing, après-vente…[SEN 99b]. Dans ces conditions, la valeur fournie par le processus de conception est portée par l'ensemble de ces produits intermédiaires, ainsi que par l'artefact final jusqu'à la fin de son cycle de vie. Dans ces conditions, l'évaluation de la valeur du processus de conception est soumise à deux difficultés : la quantification de la satisfaction du besoin (nous avons vu au § II.2.1. la diversité des critères d'appréciation de la valeur, rendant très complexe et aléatoire sa quantification), et la distance causale entre les produits directs et indirects de la conception, les coûts et la valeur qui en dépendront.

- Une indispensable *coopération* entre les diverses compétences entrant en action au cours du cycle de vie de l'artefact, dans une démarche d'ingénierie concourante [MAR 94]. En effet, l'une des évolutions les plus significatives des processus de conception est certainement l'organisation en projets. L'exemple le plus connu en la matière est sans doute en France le projet Twingo (ou projet X 06) qui a fait la démonstration que la conception n'est plus l'affaire d'individus, mais une affaire d'organisation [MID 93]. Toute la *pertinence* d'une telle organisation réside dans la manière dont elle permet d'atteindre le compromis idéal (conception du produit) entre la satisfaction des besoins émis par le marché (conception de l'usage) et l'exploitation optimale des capacités de l'entreprise (conception du process). Pour atteindre ce compromis, l'ingénierie concourante est un moyen de répondre au problème de *rationalité limitée* [SIM 57] inhérent aux actions individuelles (qui aboutissent à des solutions juste « satisfaisantes »), et de se rapprocher de la rationalité dite « substantive » (aboutissant à une solution optimale) [JOF 89]. Comme je l'ai souligné en reprenant les propos de Bruno Vallespir, admettre et favoriser l'intervention humaine dans un système de production nécessite la mise en œuvre de guides et de cadres permettant d'éviter les dérives : l'analyse multicritère fait partie des approches exerçant cette fonction.

- Les deux argumentations précédentes, ainsi que la nature multicritère de la performance évoquée au paragraphe II.2.1. et admise par de nombreux chercheurs, induisent très naturellement l'usage des *méthodes d'évaluation multicritère* [ROY 93]. Ces méthodes étant pour la plupart fondées sur la notion de pondération, un consensus sur ce sujet entre tous les acteurs de l'ingénierie concourante doit impliquer le consensus sur la meilleure performance globale.

L'un des principes fondamentaux de l'ingénierie concourante est la conception simultanée du produit et du process qui permettra sa réalisation. Il est donc question de construire et exploiter deux grandes catégories de modèles : les modèles du produit et les modèles du processus de production.

La modélisation de produits fait l'objet de recherches sur lesquelles je me suis appuyé, notamment au sein de l'équipe « systèmes de production » du LAMIH, mais auxquelles je n'ai pas apporté de contribution directe [DEN 02a], [FUR 00], [GRU 99], [JAC 98]. Je me suis plutôt consacré à la problématique de la modélisation des systèmes de production.

III.1.2. Modélisation des systèmes de production

Appliquée en phase de conception, la modélisation des systèmes de production a pour vocation de permettre l'expression des besoins en terme d'organisation, à partir de l'évaluation des performances que l'on peut déduire de plusieurs alternatives.

Elle doit également permettre une traduction la moins coûteuse possible vers les métiers en charge de la spécification et de l'implantation des solutions (ingénierie, informatique, organisation humaine, etc.) [VAL 03].

Pour permettre cette évaluation, la modélisation doit permettre de faire émerger l'ensemble des connaissances partagées par des acteurs possédant des objectifs, des compétences et des points de vue différents. Elle devra ensuite permettre de les intégrer afin de fournir à l'ensemble de ces acteurs une base sémantique unique [SEN 98], [SEN 99c].

Si « l'évaluation mono-disciplinaire » est aujourd'hui relativement bien fournie en outils, il en va autrement de l'évaluation globale du système.

Permettre de mettre face à face des performances techniques, économiques et socio-humaines dans le cadre d'une démarche unifiée d'évaluation est un problème auquel ne correspond pas aujourd'hui de réponse totalement satisfaisante et pour lequel la modélisation d'entreprise a un rôle d'intégration à jouer [VAL 93].

Mon objectif étant avant tout l'intégration des métiers de l'ingénierie et des métiers du contrôle de gestion, j'ai démontré à plusieurs reprises que les concepts d'activité et de processus sont tout à fait pertinents dans ce domaine [RAV 98a], [SEN 94], [SEN 96b], [SEN 98], [SEN 99a], [SEN 99c], [SEN 99d].

Plusieurs formalismes existent pour représenter les processus et activités : les plus connus sont ceux de la méthode SADT [ROS 77] et de la méthode GRAI [DOU 98], présentés sur la figure suivante :

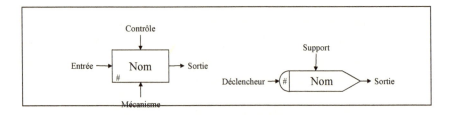

Figure 6. Formalismes utilisés pour la représentation d'une activité dans les méthodes GRAI et SADT

Si ces formalismes sont adaptés à une modélisation statique des processus, c'est à dire des enchaînements d'activités, destinée à comprendre, spécifier et effectuer des diagnostics sur l'organisation mettant en œuvre ces processus, ils ne répondent pas au besoins suivants :

- La représentation discriminante des flux principaux et flux secondaires relatifs aux processus : comme je l'ai énoncé dans le paragraphe II.1.1., je considère que la modélisation des flux est un bon moyen d'identifier les frontières d'un système, et par conséquent les performances relatives à ce système. A ce sujet, je rejoins la mouvance des nombreux contrôleurs de gestion qui, développant des méthodes telles que l'ABC (Activity Based Costing) et l'ABM (Activity Based Management), considèrent les processus et activités comme des objets d'analyse économique beaucoup plus pertinents que les fonctions ou les objets physiques. Notons également que la même réflexion est menée dans le domaine de la qualité et de la normalisation associée [MAT 02].

- La simulation à des fins d'estimation, qui nécessite l'introduction de données et contraintes temporelles que ne permettent pas les formalismes des méthodes SADT et GRAI.

Pour procéder à la décomposition de l'entreprise en activités, je me suis par conséquent inspiré de la méthode "extended SADT" développée par A. Feller [FEL 89], que j'ai adaptée à notre démarche d'analyse des performances physiques et économiques.

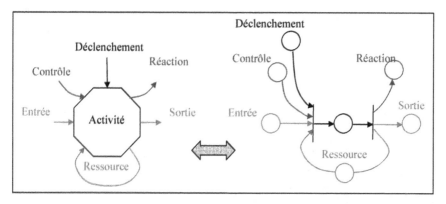

Figure 7. Représentation d'une activité avec le formalisme de la méthode "extended SADT ", et son équivalence en réseau de Petri

Le formalisme de la méthode extended SADT répond aux deux attentes énoncées précédemment :

- Il permet, pour chaque activité, de définir précisément son rôle dans la transformation de trois flux distincts : le flux principal du processus (où l'activité consiste à transformer une entrée provenant d'une activité en amont du même processus en une sortie destinée à une activité en aval du même processus, générant ainsi de la valeur), le flux de consommation de ressource(s) (où l'activité consiste à transformer la capacité de la ressource qui peut être sollicitée pour d'autres activités, et à générer les coûts correspondant à cette consommation de capacité), et le flux « secondaire » que l'activité doit transformer pour être exécutée (par exemple, une demande d'intervention que l'activité transforme de l'état « lancée » à l'état « soldée », ou un flux de lubrifiant que l'activité transforme de l'état « propre » à l'état « souillé »). Ainsi la principale adaptation que j'ai apporté au formalisme de la méthode extended SADT porte sur l'arc « contrôle » que je considère plus globalement comme un flux d'entrée secondaire (n'ayant pas nécessairement vocation à contrôler l'activité, cette fonction pouvant être assurée par l'arc « déclenchement ».

- Les règles de fonctionnement des réseaux de Petri sont parfaitement connues et simulables, ainsi je considère que le modèle objet d'une activité avec lequel seront réalisées des simulations, respecte les règles d'évolution du réseau de Petri présenté plus haut. Je reviendrai plus précisément sur les moyens mis en œuvre pour cela dans le chapitre III.1.4.

Afin de pouvoir évaluer les différentes organisations d'un système de production (ce qu'il est) en fonction des processus dont on attend de lui la réalisation (ce qu'il doit faire), je propose d'associer à cette modélisation « logique » des processus et activités, une modélisation « physique » de la structure et de l'organisation du système de production, quand à elle basée sur un formalisme classique de type logigramme.

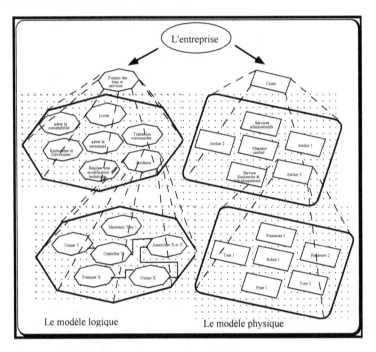

Figure 8. Une double modélisation de l'entreprise

Toute activité (ou entité du modèle logique) non décomposable est associée à une ressource (ou entité du modèle physique). Lorsque le niveau de détail est insuffisant pour identifier sans ambiguïté la (ou les) ressource(s) qui lui est (sont) associée(s), une activité sera décomposée en activités plus élémentaires. Un modèle complet du système de production est donc un modèle logique, un modèle physique, et l'ensemble des liaisons existant entre chaque entité constitutive.

A cette description qualitative du système de production, correspond un paramétrage quantitatif permettant d'une part de tenir compte des différentes conditions de production (quantités de pièces, tailles des lots, temps d'usinage, taux de qualité…) et d'autre part d'en déduire les différents indicateurs de performance du système de production (délais de fabrication, temps de panne, coûts directs, coûts indirects…), ces informations étant obtenues par l'intermédiaire de lois de consommation, constituant la base de la modélisation des performances physico-économiques.

III.1.3. Modélisation des performances physico-économiques

L'innovation que nous avons apportée ici porte sur l'usage de concepts bien connus en automatique (variables de commande et variables d'état) pour construire de manière dynamique par la simulation les modèles de coûts correspondant à un scénario donné de conception.

Une loi de consommation est la traduction du (des) lien(s) de causalité existant entre la valeur d'une variable de commande d'une activité, et les valeurs des variables d'état associées.

L'un des objectifs de la modélisation est de trouver les valeurs que doivent prendre les variables de commande pour gérer au mieux la réalité que le modèle est sensé représenter [GIA 88], ces valeurs contribuant au dimensionnement du système de production.

Précisons qu'il s'agit pour nous de modéliser le comportement économique d'une activité, la notion de variable de commande est donc différente et complémentaire la notion de variable d'action telle que la considèrent [BIT 90] et [BER 97].

Si l'on souhaite rapprocher ces deux notions du vocabulaire utilisé par les contrôleurs de gestion, la première correspondrait plutôt aux générateurs d'activité, et la seconde aux inducteurs de coûts (ou de performances) [BES 94], [MEV 91].

Une modélisation pertinente des différents phénomènes qui engendrent les coûts nous conduit donc à définir les différentes notions de variables suivantes.

- Les Variables de Commande Physico-Economiques (VCPE)

Leur valeur influe directement sur le montant de certains coûts variables de l'activité, par l'intermédiaire de certaines variables d'état, ainsi que sur la durée d'exécution de l'activité.

- Les Variables d'Etat Physico-Economiques (VEPE)

Leur valeur évolue suivant les conditions dans lesquelles l'activité est mise en oeuvre. Ces conditions sont caractérisées par deux éléments: la valeur de la VCPE et la durée de l'activité.

On distinguera donc deux catégories de VEPE : VEPEc dont la valeur est proportionnelle à la valeur de la VCPE, et VEPEt dont la valeur est proportionnelle à la durée de l'activité (au temps).

- Les Constantes d'Etat Physico-Economiques (CEPE)

Les CEPE quantifient les éléments ayant un poids significatif sur le coût d'une activité, qui n'évoluent pas suivant les conditions d'exécution de celle-ci, mais sont à prendre en compte à chacune des reconfigurations de l'activité. C'est le cas par exemple de la main-d'oeuvre affectée à la préparation d'une machine.

- Les générateurs de charges (ou de dépenses)

Certaines constantes et variables d'état représentent directement les charges ou dépenses, et leur unité de mesure est l'unité monétaire (salaires, amortissements, investissements, locations,...).

D'autres constantes et variables d'état représentent des consommations physiques ayant leur propre unité de mesure (heures, litres, kWh,...).

Ces constantes et variables d'état doivent être valorisées en unités monétaires, on parlera alors du coût du kWh, du coût salarial de l'heure, du coût du litre d'huile, d'eau,...

Ces valeurs monétaires attachées aux unités de mesure des constantes et variables d'état physiques seront appelées *générateurs de charges* ou *générateurs de dépenses*.

Le tableau 3 présente quelques exemples concrets de ces différentes variables.

Type d'élément	Désignation	Exemple
Variable de commande physico-économique	VCPE	Nombre de lots de pièces
Variable d'état physico-économique proportionnelle au temps	VEPEt	Amortissement de la machine Temps de travail de l'opérateur
Variable d'état physico-économique proportionnelle à la commande	VEPEc	Quantité d'énergie électrique
Contantes d'état Physico-économique	CEPE	Temps de réglage de la machine
Générateurs de charges	-	Taux horaire d'amortissement Taux horaire opérateur Coût du kWh

Tableau 3. Exemples de VCPE, VEPE et CEPE pour une activité d'usinage

Ces différentes variables nous permettent d'obtenir une estimation du comportement économique de chacune des activités modélisées, tenant compte de la nature réelle des phénomènes qui régissent ces comportements. Ces phénomènes sont modélisés quant à eux grâce aux modèles de simulation déduits des modèles évoqués précédemment, et traduits dans un formalisme orienté objet par le moyen de la méthode classe-relation [DES 92].

III.1.4. Modèles de simulation

Le modèle orienté objet de notre outil de simulation, construit avec la méthode de spécification et de conception « classe-relation » [DES 92], comporte notamment les trois grandes classes d'objet suivantes :

- La classe « Entité_Transformable » : cette classe générique représente tout ce qui peut être transformé au travers d'une activité. Les instances de cette classe ou de classes héritées peuvent être de nature physique ou informationnelle, possèdent pour principaux attributs l'état courant, la valeur ajoutée, le coût, et pour principale méthode « suivre processus ». Les classes « produit » et « composant » héritent de cette classe.

- La classe « Activité » représente toute entité du modèle logique. La classe « activité élémentaire » hérite de cette classe, et ses instances sollicitent les instances de la classe « unité fonctionnelle » en fonction de la variable de commande associée. La classe « processus » hérite également de cette classe mais ne sollicite pas directement les unités fonctionnelles. La surcharge de la méthode « calculer coût » consiste dans le premier cas, à calculer le coût d'utilisation de l'unité fonctionnelle et des activités secondaires associées à l'activité élémentaire, dans le second cas (instances de la classe « processus »), le calcul du coût se fait à partir des coûts des activités constituant le processus. Une troisième classe hérite de la classe « activité » : la classe « activité transitique » qui possède des méthodes spécifiques.

- La classe « Unité_Fonctionnelle »: l'unité fonctionnelle est une notion reprise de la thèse de Thierry Lenclud (LAMIH) sur la simulation des systèmes de production, permettant une modélisation générique et hiérarchique des ressources constitutives d'un système de production [LEN 93]. Une instance de cette classe peut être associée à zéro, une ou plusieurs activités et une activité ne peut être associée qu'à une seule unité fonctionnelle. Les principaux attributs de la classe « unité fonctionnelle » sont leur capacité, fiabilité, leur état, et les variables et constantes d'état associées. Une classe particulière hérite de la classe générique « unité fonctionnelle », la classe « unité transitique » qui possède des méthodes spécifiques.

Le modèle classe-relation constituant la base de l'outil logiciel que nous avons ainsi développé est le suivant :

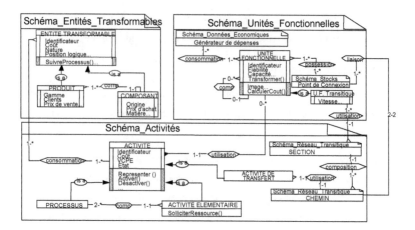

Figure 9. Modèle classe-relation des modèles physique et logique du système de production

Cette approche globale de modélisation couvre l'ensemble des besoins informationnels relatifs à la modélisation d'entreprise pour sa conception et l'évaluation de ses performances, puisqu'elle concerne les trois concepts fondamentaux suivants [VAL 03] :

- les activités (de toute nature : transformation physique, traitement d'information, stockage, transport, etc.) qui enchaînée ou non sous forme de processus, sont représentatives et flux plus ou moins porteurs de performances (coûts et valeur),

- les événements qui traduisent la dépendance temporelle du système avec son environnement. La connaissance de la durée des activités vient compléter ce concept et permet la représentation dynamique du comportement du système.

- les ressources (techniques ou humaines) qui permettent une représentation organique du système et sont à l'origine des coûts.

Conformément à la définition donnée de la performance au paragraphe II.2.1. les indicateurs obtenus suite à la simulation sont de natures (coûts directs, indirects, délais d'exécution, quantités, taux de qualité…), et de niveaux (opérationnels (temps de cycle…), tactiques (TRS…), stratégiques (volume de production…)) différents. Les travaux d'encadrement que j'ai plus particulièrement réalisés dans le cadre de la thèse de David Raviart, portent sur l'exploitation de ces indicateurs dans un but d'*évaluation* de la performance [RAV 99].

III.1.6. Evaluation

Il faut rappeler que nous nous inscrivons dans une démarche d'ingénierie concourante, dont le principe de base est la conception simultanée du produit et du système de production associé. Une « solution » de conception est dans ces conditions une combinaison de solutions techniques relatives aux produits (un matériau, une forme, un mode d'assemblage...), de solutions techniques relatives au système de production (un procédé d'usinage, un niveau d'automatisation,...) et de solutions organisationnelles relatives à la production (en ligne, en cellules flexibles, ...) ayant la plupart du temps des effets sur l'organisation des processus « annexes » (maintenance, formation,...). Ceci donne à la notion de « solution de conception » une complexité et une ampleur rendant inadmissible l'idée de retenir ou de rejeter globalement une telle solution. Nous avons donc choisi de permettre à l'utilisateur d'évaluer des sous-ensembles de la solution, faisant partie des 5 catégories d'entités suivantes :

- les types d'entités transformables : évaluation du produit, de l'un de ses composants, d'autres entités transformées au sein du système de production, telles qu'un plan, un prototype, un montage d'usinage,...

- les entités transformables : certaines décisions nécessitent dans les entreprises la connaissance du « coût marginal » de certains objets, nous proposons de donner la possibilité d'évaluer la « performance marginale », c'est à dire inhérente à une instance particulière des entités transformables,

- les processus stables : nous entendons par processus stables les processus dont le déroulement suit toujours le même mode, quelle que soit l'activité du système de production : processus de gestion, de traitement de l'information (commandes, livraisons...), certains processus de maintenance préventive...

- les processus instables : sont les processus naissant avec la solution, ou dont la logique de déroulement sera modifiée du fait de l'introduction de cette solution dans le système de production : classiquement, les processus de fabrication, d'assemblage, mais aussi par exemple les processus d'approvisionnement ...

- les unités fonctionnelles : le système permet une évaluation des performances d'un équipement, d'une ligne, d'un atelier, d'un service...

Contrairement à la mesure et à l'estimation, l'évaluation de la performance d'une solution de conception n'est pas la quantification absolue de cette performance, mais une quantification relative à deux points : les performances des solutions concurrentes, et les objectifs de l'évaluation.

Nous nous sommes donc orientés vers les méthodes et outils de la décision multicritère [RAV 97e].

Les méthodes et outils de la décision multicritère ont pour vocation d'agréger des préférences multiples fondées sur des critères différents. En fonction des informations disponibles et du résultat attendu de l'évaluation, plusieurs méthodes peuvent être employées :

- les méthodes de pondération (somme pondérée, produit pondéré),

- les méthodes multicritères ordinales (méthode de Borda, de Condorcet, de Bowman et Colantoni, les méthodes lexicographiques),

- les méthodes de surclassement (ELECTRE, PROMETHEE),…

Le problème qui nous intéresse est de comparer plusieurs solutions de conception de manière à mettre en évidence celle qui fournira la meilleure performance globale, c'est à dire l'alternative la plus satisfaisante et non pas l'alternative optimale. Nous avons donc choisi d'utiliser une méthode de surclassement de ces solutions répondant à une problématique de sélection (et non pas d'ordonnancement), destinée à fournir une évaluation consensuelle dès lors qu'un consensus est établi entre les poids des critères : la méthode ELECTRE IS [ROY 93].

De par ses caractéristiques, la méthode ELECTRE IS nous permet de formaliser et d'intégrer dans l'agrégation le poids que chacun des acteurs du processus de conception concourante accorde aux indicateurs physiques (taux de qualité, volumes, délais, nombre d'opérations, taux de charge, …) et aux indicateurs économiques (coûts directs et indirects de ressources, d'activités, de processus, de services…) que le système d'estimation peut fournir, et ceci sur chacun des objets d'évaluation énumérés précédemment.

III.1.7. Positionnement dans la communauté scientifique

Ces travaux s'inscrivent à la croisée de plusieurs sujets de recherche scientifique, couverts globalement par la productique, le génie logiciel et le contrôle de gestion :

- les approches analytiques (réseaux de files d'attente [ABB 03],[BAY 00], [JAC 63]…, modèles comptables [BEL 90], [BES 94], [BES 95], [BRO 88], [LEB 94], [LOR 97], [MEV 91]…),

- les outils de la décision multicritère [POM 97], [ROY 93],…

- les indicateurs de performances et tableaux de bord [BER 97], [BIT 90], [LOR 97]…

- l'évaluation des performances des processus de conception [BEL 90], [ECO 99], [FOR 97], [GIR 99]…
- les approches de simulation et réseaux de Petri [ABB 03], [DIM 96],[CHA 02], [KOR 00], [SEN 97a], [ZEM 01]…
- les méthodes de modélisation de processus et activités, plus ou moins dédiés aux systèmes de production : ACNOS [ELM 97], Extended SADT [FEL 89], MECI [AIC 90], OLYMPIOS [THE 02], SADT [ROS 77]…
- les approches génériques de modélisation de systèmes : ARIS Toolset [SCH 94], Classe-Relation [DES 92],…
- les cadres de modélisation d'entreprise (CIMOSA (Open System Architecture for Computer Integrated Manufacturing) [VER 96], G.I.M. (GRAI Integrated Methodology) [DOU 98]

Compte tenu de l'étendue du spectre de la problématique, je me positionne de différentes manières par rapport à ces travaux :

Je suis *utilisateur* des travaux menés sur les outils de la décision multicritère et sur les réseaux de Petri. et sur les méthodes de modélisation de processus.

Je suis *contributeur* des travaux portant sur les méthodes analytiques d'estimation des coûts, la modélisation des processus, les indicateurs de performances et tableaux de bord, les modèles et outils de simulation, et les approchés dédiées à la modélisation d'entreprise, dans leur intégration et leur adaptation à l'évaluation proactive des performances des systèmes de production.

En effet, les travaux développés en contrôle de gestion sur les approches de comptabilité et de management basées sur les activités (Activity Based Costing et Activity Based Management [COO 91], [LEB 94], [POR 86], [MEV 91]) ne sont pas développés dans une logique d'aide à la décision en ingénierie de produit ou en ingénierie des systèmes de production. Ils sont fortement liés à des applications de contrôle de gestion, et par conséquent incompatibles avec une quelconque approche d'ingénierie concourante. L'innovation majeure apportée sur ce sujet porte sur l'utilisation de méthodes formelles de modélisation issues des sciences pour l'ingénieur, pour fournir aux acteurs de la conception des informations économiques grâce aux relations causales qui les lient aux informations physiques et techniques.

Mes travaux contribuent à l'évolution des approches génériques de modélisation de processus, de par la modification apportée au formalisme d' extended SADT (évolution de la notion de contrôle), et de par son usage puisqu'elle constitue pour moi un outil de transition du conceptuel (les processus) vers l'opérationnel (les réseaux de Petri, modèles classe-relation et les programmes orientés objet qui en découlent).

Ces relations causales sont formalisées et exploitées grâce à une approche de modélisation à la fois organique, fonctionnelle et dynamique, permettant l'agrégation et le déploiement des entités modélisées et la prise en compte des lois de consommation des coûts, et une évaluation multicritère d'un scénario simulé.

Les approches ACNOS, ARIS, MECI et OLYMPIOS n'assurant qu'une ou plusieurs de ces fonctions, mais à partir de règles syntaxiques et de vérification plus évoluées, une perspective de mes travaux nécessitant la mobilisation de plusieurs chercheurs pourrait consister, dans une approche de type *benchmarking*, à intégrer les fonctions complémentaires de ces approches dans un outil opérationnel assurant l'ensemble des phases nécessaires à l'évaluation proactive des performances physico-économiques.

Ma contribution aux travaux portant sur les indicateurs de performance réside dans la formalisation des mécanismes liant la performance économique à la performance physique, permettant d'une part, une estimation plus réaliste des performances économiques et d'autre part, une meilleure identification des leviers d'action sur ces performances. Ces propositions sont notamment complémentaires à celles d'Yves Ducq visant à assurer la cohérence du système d'objectif d'une entreprise de manière à ce que les objectifs locaux contribuent bien à ses objectifs globaux [DUC 99], et à celles de Lamia Berrah dédiés à la formalisation et la conception d'indicateurs de performances imprécis ou qualitatifs caractéristiques de l'appréciation humaine [BER 97]. Nous avions d'ailleurs entamé il y a deux ans une tentative d'intégration de nos travaux que nous avons dû interrompre faute de ressources.

Ma contribution à l'évaluation des performances des processus de conception réside dans la proposition de considérer qu'une part non négligeable de la performance des processus de conception (coûts et valeur) se manifeste lors de la fabrication de l'objet conçu, de proposer l'exploitation des pouvoirs structurants et explicatifs de la modélisation d'entreprise et de la simulation pour estimer et comprendre cette performance, et de proposer l'aide fournie par les méthodes multicritère pour en obtenir une évaluation consensuelle. Ceci constitue une alternative aux méthodes analogiques, paramétriques et analytiques utilisées pour le calcul des coûts en conception [BEL 90], une réponse au besoin de positionnement des processus de conception dans la création de valeur aux niveaux stratégiques et tactiques d'une entreprise, défendu notamment par Jacques Perrin [ECO 99] et les chercheurs du LAP [DUP 99], et une source d'information intégrable dans les approches de modélisation de produit avancées telles que la modélisation à base de *Features* [DEN 02a] ,

Les capacités à structurer l'analyse des systèmes de production et à garantir la cohérence des modèles, que présentent les cadres de modélisation CIMOSA et GRAI, pourraient améliorer nos propositions. De manière réciproque, je pense qu'un rapprochement de mes travaux avec ceux du LAP de Bordeaux permettrait d'enrichir l'approche GRAI de deux fonctions : la construction d'indicateurs physico-économiques utiles à la prise de décision en conception, et la valorisation de ces indicateurs par une simulation opérationnelle des processus porteurs de performances. Ceci constituerait un complément et une intégration des travaux de Moïse Bitton [BIT 90] et de Philippe Girard [GIR 99].

Enfin, l'approche GERAM (Generalised Enterprise Reference Architecture Methodology) est une approche de méta-modélisation visant à intégrer la plupart des méthodes citées précédemment au niveau macroscopique, et UEML (Unified Enterprise Modelling Language) une proposition de langage unifié permettant une interopérabilité des modèles même lorsque ceux-ci ont été réalisés avec des formalismes différents [VAL 03]. Nos travaux n'ont pas vocation à répondre à ces questions, mais il serait souhaitable qu'ils soient intégrés dans ces réflexions plus théoriques.

III.2. Performances des propositions

III.2.1. Pertinence

Je baserai l'appréciation de la pertinence de ces travaux sur la synthèse de quelques faits et de positions prises par des communautés scientifiques représentatives sur l'adéquation des éléments constitutifs de ces propositions aux objectifs énoncés.

L'« Integrated Manufacturing Technology Initiative » (IMTI) considère que la modélisation d'entreprise et la simulation seront une aide efficace d'ici 2015 aussi bien à un niveau stratégique (business functions) qu'à un niveau opérationnel (operations functions). Les fonctions en cause sont notamment au niveau stratégique la gestion des risques, les finances et la gestion des coûts, la gestion des ressources et la gestion des architectures d'entreprise. Au niveau opérationnel, les fonctions concernées sont entre autre la gestion des performances et l'exploitation d'ateliers [IMT 00].

Le « Committee on Visionary Manufacturing Challenges », sous l'égide du National Research Council américain considère que la modélisation d'entreprise et la simulation seront utiles partout où une décision doit être prise sur la base de différents scénarios. Plus précisément, il juge que la modélisation d'entreprise et la simulation ont un rôle à jouer dans le cadre des six « grand challenges » définis par le comité, à savoir la production concourante (concurrent manufacturing), l'intégration des ressources techniques et humaines, la transformation de l'information en connaissance, la compatibilité environnementale, les entreprises reconfigurables, et les processus innovants [NRC 98].

Concernant plus particulièrement la pertinence des concepts de base utilisés dans notre approche, c'est à dire les processus et activités, je pense qu'elle est avérée par le développement de leur usage depuis une dizaine d'année, dans la plupart des approches de management de la performance:

- approches académiques de modélisation d'entreprise [ELM 97], [AIC 90], [DOU 98], [THE 02], [VER 96],

- mise en œuvre dans les entreprises, des méthodes de comptabilité et de management par les activités [BES 94],

- reformulation des normes industrielles relatives à la qualité sur la base du concept de processus [MAT 02],

- profusion sur le marché, d'outils de modélisation de processus pour la conception ou le diagnostic de systèmes de production, que l'on peut regrouper sous le terme d'outils de *Business Process Modelling, Business Process Design, ou encore Business Process Reengineering* : Adonis, Aris Toolset, Corporate Modeler, Fisrtstep Process Modeler, Igraph Flowcharter, Isiman, Mega Process, Olympios Audit, OSS@D Process Design, Qualigram Designer, System Architect, Power Designer, Proactivity, Provision Software Suite, QPR Process Guide, Workflow Modeler, …Il existe également aujourd'hui de nombreux logiciels de comptabilité basée sur les activités (Activity Based Costing (ABC)).

III.2.2. Efficience

Ces propositions ont été appliquées au sein de la S.N.F.A. (Société Nouvelle de Fabrication Aéronautique), PME spécialisée dans le développement et la fabrication de roulements à billes et à rouleaux de haute précision. Cette société implantée à Rouvignies (Valenciennes) conçoit et réalise une production très peu standardisée et réalisée en petites et moyennes séries. En terme de moyens mis en œuvre, la S.N.F.A. a investit dans le financement d'un tiers de la thèse de David

Raviart, les deux autres tiers étant pris en charge par la région Nord Pas-de-Calais et le CNRS. La S.N.F.A. a en outre financé l'accompagnement de cette thèse d'un montant de 300 kF (voir chapitre « Valorisation scientifique » de ce mémoire.

Les modélisations macroscopique et microscopique de plusieurs parties du système de production ont permis de vérifier l'intérêt de l'approche, et de l'outil informatique associé, à différentes phases du cycle de vie du produit [RAV 97a], [RAV 97d], [RAV 98b].

Lors des premières de ces phases (étude de Marché et réalisation du cahier des charges) l'outil a été utilisé comme un outil d'estimation économique et d'estimation des fonctions techniques du produit, les modèles logique et physique sont alors macroscopiques.

Dans les phases suivantes, le modèle s'affine avec les différentes informations données par les acteurs de l'entreprise sur le produit. Le système est utilisé en tant qu'outil d'aide à l'évaluation et les modèles logiques et physiques sont microscopiques.

Une des questions posées par les dirigeants de l'entreprise fût la validation économique, physique et l'amélioration du processus opératoire de la ligne de produit du secteur pilote (détermination des activités avec un coût excessif tout en prenant compte l'état des stocks, des produits fabriqués, ...). Nous étions donc en l'occurrence dans une situation de conception concourante du produit et du process associé, puisque la ligne en question était destinée à la réalisation de nouveaux produits.

L'analyse par activités nous a permis de déterminer les activités qui génèrent un coût excessif par rapport à la valeur apportée, et de connaître les origines de ce coût. Alors que l'approche comptable traditionnelle ne permettait pas de distinguer les coûts d'utilisation des diverses machines d'un atelier (utilisation de l'heure machine comme unité d'œuvre, avec un taux unique pour toute la ligne de fabrication), il fut démontré qu'une ressource était devenue obsolète. La modélisation des lois de consommation de l'activité a en effet permis de comprendre que pour cette ressource les coûts relatifs à la consommation d'énergie (VEPEc) et à la maintenance (activité secondaire) étaient particulièrement importants. Le remplacement de cette ressource a donné les résultats suivants :

- diminution du coût total de l'activité,

- diminution du coût des activités de support (coûts secondaires,.....),

- diminution du coût machine et opérateur (coûts des variables d'état proportionnelles au temps VEPEt

- diminution du coût énergie (coûts variables d'état proportionnelles à la commande VEPEc).

Bien qu'ayant constaté l'augmentation du coût de réglage (constante d'état) avec la mise en oeuvre de la nouvelle ressource, le coût global de l'activité a été réduit grâce à la diminution des coûts d'énergie (VEPEc) et des coûts de maintenance. Ces premiers résultats ont bien fait gagner l'entreprise en *précision logique* dans le pilotage de ses activités de conception. Elle a pu en effet bénéficier d'un outil d'estimation de coûts qui lui donne véritablement « l'explication » de ces coûts. Dans ce cas précis, nous n'avons pas influencé les décisions de conception de produit (puisque la valeur apportée par l'activité en question justifiait son existence), mais la conception et l'exploitation du process. La méthode a donc fourni l'aide nécessaire pour décider du levier d'action le plus *pertinent* par rapport à l'objectif recherché.

La modélisation des processus a par ailleurs été menée avec la participation du personnel de fabrication, et donc une amélioration de la coopération entre les métiers de l'ingénierie et du contrôle de gestion, dont nous verrons plus loin qu'elle est elle-même levier de performance. Au-delà de cette amélioration du pilotage des activités internes de l'entreprise, la société SNFA accoutumée au partenariat avec les laboratoires de recherche universitaires, a vu en ces travaux un moyen d'innover dans la pratique du contrôle de gestion et, par conséquent, d'acquérir un avantage concurrentiel en gagnant en *robustesse* par rapport à la concurrence.

Soulignons enfin que l'entreprise a tenu à s'approprier et à opérationnaliser les résultats de ces travaux puisque après une première collaboration sans implication financière sur la validation de mes travaux de thèse, la S.N.F.A. s'est engagée dans le financement de la thèse de David Raviart consistant à poursuivre les propositions dans le domaine de l'évaluation et à traiter l'opérationnalisation de l'outil logiciel support et son interopérabilité avec des applications informatiques préexistantes (CFAO, GPAO, outils de gestion). La S.N.F.A. s'est ensuite engagé dans le co-financement, avec la DRIRE, d'un travail de recherche sur les processus coopératifs à mettre en œuvre pour étendre la notion d'ingénierie concourante aux acteurs externes de l'entreprises, tels que les clients et les fournisseurs (voir § V.1).

III.2.3. Efficacité en tant qu'approche multi-modèles

De par les différences fondamentales existant entre ces concepts, les différents niveaux de modélisation mis en jeu (systémique, analytique), et les différentes étapes du processus de modélisation (du système de production pré-existant, de nouvelles configurations organisationnelles, de processus de réalisation de nouveaux produits…), notre approche est bien sûr multi-modèles. Sa performance en terme d'efficacité peut par conséquent être déclinée selon les critères classiquement retenus pour évaluer les approches multi-modèles :

Cohérence de l'approche, interopérabilité des modèles, et formalisation des règles de construction

Bien que nous ne n'ayons jamais publié sur ce sujet, la cohérence de notre approche pourrait être formalisée à l'instar de CIMOSA, par un espace dont les trois axes sont :

- Un axe « vues » : vue « entités transformables », vue « activités », vue « unités fonctionnelles »

- Un axe « niveaux d'analyse » : macroscopique, intermédiaire(s), microscopique

- Un axe « niveaux d'instanciation » : Schémas, classes, instances (voir figure 9).

La démarche de modélisation implique et nécessite une exploitation croisée des trois axes : une entité transformable, comme une activité et comme une unité fonctionnelle peuvent être décomposées du macroscopique jusqu'au microscopique, et modélisées du niveau le plus générique jusqu'au plus particulier.

La cohérence entre les niveaux de l'axe « vues » est assurée par un certain nombre de règles de construction implémentée dans l'outil informatique grâce au langage de programmation orienté objet MODSIM II [MOD 94]. A titre d'exemple, citons la règle qui impose que si une entité du modèle logique (respectivement du modèle physique) n'est pas décomposée, alors elle doit être reliée à au moins une entité du modèle physique du même niveau d'analyse (respectivement du modèle logique).

Pour l'axe « niveaux d'analyse », nous avons imposé une approche de modélisation « Top-Down » facilitant la vérification de règles de décomposition existant dans la plupart des méthodes de modélisation hiérarchique des processus (SADT, extended SADT…).

La cohérence entre les différents niveaux de l'axe « niveaux d'instanciation » est assurée implicitement par les règles de la méthode classe-Relation [DES 92], que nous avons implémentées.

L'interopérabilité est quant à elle supportée par les méthodes des objets informatiques et leur enchaînement. Par exemple, lors de la simulation, le changement d'état d'une entité transformable (entité physique ou information) ne peut se faire que par l'exécution d'un processus pouvant dans le cas extrême être limité à une activité élémentaire. Une activité ne peut elle-même être exécutée que par la sollicitation d'une ressource qui doit être disponible. L'interopérabilité est ici assurée par la méthode « Suivre_Processus (Processus X) » qui est déclenchée par une instance de la classe « Entité_Transformable », et qui implique le déclenchement par une instance de la classe « Activité » de la méthode « Solliciter_Ressource (Ressource_Y) ». Je parle ici d'intéropérabilité de classes A et B basée sur la communication et l'interaction, et non pas de classe C basée sur l'interchangeabilité [IUN 02].

Robustesse des modèles par rapport au modélisateur

Je ne pense pas que l'on puisse raisonnablement envisager la robustesse d'un modèle de système de production, dès lors qu'on admet qu'il ne s'agit que d'une formalisation de la représentation que s'en fait le modélisateur, ce dernier étant pourvu d'autonomies cognitive, et politique favorisant la diversité des interprétations de la réalité. Il est à mon avis plus réaliste de chercher la robustesse des évaluations qui résulteront de la conception et de l'exploitation des modèles. Cette robustesse est assurée dans notre approche par deux éléments plus particulièrement abordés par David Raviart:

pour la conception des modèles, le développement d'interfaces adaptées à chacun des corps de métier intervenant dans le processus de conception, et basées sur les spécificités de leur système d'information : gammes et nomenclatures pour le service méthodes, plans de production pour le service fabrication, plans de maintenance et procédures pour le service maintenance etc... L'évaluation bénéficie ainsi de la robustesse inhérente aux règles syntaxiques des systèmes d'information des fonctions impliquées, et par l'aptitude « métier » des acteurs à aboutir à une même interprétation d'un phénomène donné.

pour l'exploitation des modèles, la capacité de l'approche multicritère à aboutir à une évaluation consensuelle atténue le risque d'aboutir à des conclusions différentes sur une même alternative traitées par des modélisateurs différents.

IV. Méthodologie d'aide à la conception innovante pour un coût objectif global

IV.1. Contributions majeures et positionnement dans la communauté scientifique

IV.1.1. Vision systémique et cybernétique du rôle des innovations dans les systèmes de production

Si la compétitivité d'une entreprise peut être atteinte rapidement et maintenue sur une courte période, par l'obtention de performances relatives aux critères coût, délai et qualité, il apparaît aujourd'hui que la pérennisation de cette compétitivité (et donc, la *robustesse* du système de production sur le plan économique (cf. II.2.3.)) passe par le développement et la gestion de ses capacités d'innovation [XUE 91], [GAI 99].

Il existe différentes natures d'innovation :

- Innovations à dominante technique : nouvelle matière, nouveaux produits, nouveaux composants, nouveaux procédés, etc. Hage [HAG 87] suggère de distinguer particulièrement les innovations produits et les innovations procédés, alors que J.Broustail et F. Fréry [BRO 93] considèrent qu'il y a une interdépendance entre ces deux types d'innovation, dans la mesure où l'innovation produit nécessite souvent de nouveaux procédés et inversement.

- Innovations à dominante commerciale : nouveau mode de distribution d'un produit, nouvelle présentation d'un produit...

- Innovations à dominante organisationnelle : nouvelles structures de projet, nouvelle organisation des ateliers, nouvelles relations client/ donneur d'ordre/ fournisseur.

- Innovations à dominante socio-institutionnelle : instauration de nouvelles normes.

On peut considérer de manière très *réductionniste*, que la performance attendue d'une innovation technique est avant tout fonctionnelle, et mesurable en terme de qualité de service (nouveaux services, services pré-existants mais obtenus de manière plus rapide, plus sûre, plus confortable...), et que dans ces conditions il n'est pas justifié d'associer innovations produits et innovations procédés.

Mais si l'on regarde tous ces types d'innovation d'une manière un peu plus *holiste*, on peut prolonger le raisonnement de Broustail et Fréry [BRO 93] en supposant en effet que l'innovation produit n'est *pertinente* la plupart du temps sans innovation de procédé, que l'*efficience* d'une innovation de procédé passe souvent par des innovations organisationnelles, et qu'une innovation commerciale peut rendre tous ces efforts beaucoup plus *efficaces*, en amenant le marché à accepter cette innovation produit.

Les innovations socio-organisationnelles sont quant à elles surtout des moyens donnés ou des contraintes imposées aux systèmes de production, qui auront des effets d'amplification ou de réduction des performances globales de ces systèmes.

La conclusion que nous avons tirée de cette analyse est que le rôle de l'innovation dans la performance globale des systèmes de production est complexe et multiple : elle peut être résultat, moyen, ou encore contrainte.

Je prends donc le parti d'une vision systémique de l'innovation, où seront prises en compte ses caractéristiques ayant des effets sur la valeur globale et le coût global, quel que soit son rôle dans le système de production [TOM 00], [TOM 03a], [TOM 04].

Mais par définition, la destination d'une trajectoire innovante est inconnue, il existe par conséquent de nombreux risques inhérents à la décision d'innover [FER 91], [BEL 97]:

- les risques liés au développement (conception, procédé de fabrication, procédé de conditionnement,...),
- les risques industriels (liés à des critères financiers, de logistique, de formation, de non-respect des plannings),
- les risques organisationnels (perturbation de l'organisation existante durant et après le projet),
- les risques de mauvaise perception du besoin de l'utilisateur final, de concepts obsolètes ou trop en avance,
- les risques du marché (mode de distribution, nouveauté de marché),
- les risques de concurrence (effet de temps, obsolescence de la technologie),
- les risques de mauvaise image de l'entreprise,
- les risques de positionnement du nouveau produit par rapport au portefeuille de produits existants (cannibalisation,...).
- les risques de manque de personnel qualifié,
- les risques de non adhésion au projet d'innovation.

Selon Liberatone et Stylianou la plupart des idées n'arrivent pas sur le marché. Ils affirment que seulement 14 % des innovations ont un succès réel [LIB 95].

Ceci s'explique par le fait que la plupart des décisions dans les projets innovants ne sont pas modélisées, on n'y sait pratiquement jamais expliquer comment et pourquoi les décisions sont prises [GID 00].

Les acteurs des projets n'ont ainsi pas d'élément pour les aider à piloter le système opérant de manière effective et objective [SAR 97], ni pour pouvoir justifier leurs choix auprès des investisseurs ou des financiers.

L' indissociabilité entre innovation et risque nous a amené à aborder le problème de la réduction des facteurs d'incertitude, dans un contexte où encore plus que pour les systèmes de production, les phénomènes mis en jeu sont très peu formalisables et très significatifs.

Les travaux que j'ai menés et co-encadrés visent à répondre à ce problème d'incertitude par deux actions complémentaires [TOM 02b]:

- la modélisation des processus de conception, permettant de mieux comprendre leur déroulement, et surtout de mieux les instrumenter : pour apporter les bonnes ressources, les bonnes informations, au bon moment et au bon endroit. Cette première action est destinée à améliorer la maîtrise des risques de développement, les risques organisationnels et les risques humains, mais contribue aussi à améliorer la *rapidité* du système de production,

- la modélisation des connaissances pour l'estimation et l'évaluation des performances globales des innovations : pour mieux agir sur les éléments constitutifs de l'innovation ayant un impact sur le coût et/ou sur la valeur globale de celle-ci. Les risques visés sont ici essentiellement les risques de mauvaise perception du besoin de l'utilisateur final, cette estimation contribue à améliorer la *précision* du système de production.

IV.1.2. Modélisation des processus de conception innovants

Ce premier travail consiste à formaliser les parties invariantes des processus de conception innovants en vue de proposer des méthodes susceptibles d'améliorer l'aide à la décision dans ces processus.

L'étude bibliographique que nous avons réalisée ne nous a pas permis d'identifier de travaux répondant à ce besoin, car la plupart traitent de visions très macroscopiques des processus innovants, servant de guides pour la mise en œuvre d'organisations particulières ou pour l'instrumentation des processus :

- Le modèle du « stage-gate system » [PEL 99], issu de la théorie néoclassique, est destiné au pilotage des processus innovants linéaires. Etant fondé sur une hypothèse de non interaction entre production et recherche, il se présente sous la forme d'une succession de phases de recherche, de développement, de production et de commercialisation. Entre ces phases sont intercalées des phases de prise de décision de forme dichotomique, c'est à dire : décision entre la continuation ou l'arrêt du processus d'innovation. Ce type d'organisation est sensé limiter les risques financiers, mais le délai d'exécution du processus est long (la durée du processus est égale à la somme des durées de chaque activité à laquelle s'ajoute les temps de décision). Par ailleurs le succès ou l'échec du processus de décision dépend des relations entre les acteurs des différents départements de toutes les entreprises en relation avec l'innovation. Chaque maillon de cette organisation est obligé d'accepter tel quel le projet développé en amont et peut difficilement y apporter les modifications qu'il estime nécessaires, sauf à reprendre le processus depuis sa phase initiale.

- le modèle de Kline -Rosenberg [KLI 86] met quant à lui l'accent sur les rétroactions, sur les retours des phases situées en aval vers les phases amont, sur l'interactivité entre recherche et phases du processus d'innovation. Dans ce modèle, le déclenchement de l'activité n'est pas fonction de l'état final de l'activité précédente. Néanmoins, il conserve la phase de prise de décision à la fin de chaque activité. Par rapport à la structure séquentielle (modèle linéaire), cette structure permet de diminuer la durée du processus d'innovation mais augmente, selon certains auteurs, les risques financiers car l'évaluation d'une étape a lieu alors que l'étape suivante est déjà commencée [XUE 91].

- d'autres modèles sont moins directement liés à un type d'organisation des processus d'innovation, et permettent de déterminer la meilleure trajectoire entre une situation initiale et une innovation, tenant compte des outils de communication et de traitement de l'information disponibles (modèle GENCMP (*Generic Entreprise Change Management Process*) développé dans le cadre du projet européen Ait IMPLANT [ESC 99]).

Tous ces modèles sont fondés sur des formalismes propres, aux propriétés sémantiques et syntaxiques assez limitées.

Notre besoin de connaître les conditions d'exécution de chacune des étapes d'un processus de conception innovant (entrées, sorties, informations disponibles, ressources disponibles…) nous a amené à proposer un modèle beaucoup plus opérationnel de ce processus.

Notre but n'étant pas, comme pour l'évaluation proactive des performances physico-économiques des systèmes de production, de modéliser et de simuler les processus interconnectés au sein d'une entreprise, nous avons choisi pour cela d'utiliser la méthode SADT [ROS 77].

Ce modèle a été réalisé par Frédéric Tomala à partir d'une part, d'une étude de terrain réalisée dans des entreprises industrielles françaises, d'autre part, d'une étude de la littérature académique concernant les innovations de type produit.

Il comporte les éléments d'information suivants : la définition des activités, les éléments déclencheur de ces activités, les contraintes liées à la réalisation des activités (critères d'évaluation (coût et valeur), de décision, de réalisation), l'enchaînement et les relations entre activités, les décisions, les rétroactions, les compétences et les méthodes et/ ou outils utilisés pendant les activités [TOM 01b].

Le premier niveau de notre modélisation, réalisée à partir du formalisme de la méthode SADT [ROS 77], est présenté sur la figure 10.

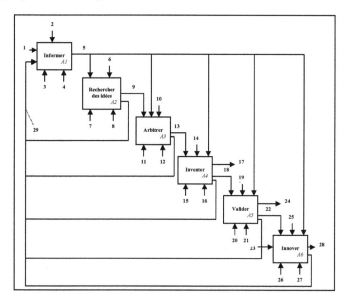

Figure 10. Modélisation de la partie invariante des processus de conception innovants [TOM 01c]

Le niveau de décomposition inférieur de ce processus a également été modélisé, il est décrit dans [TOM 02b]. Cette modélisation relativement détaillée du processus d'innovation nous a notamment permis de comprendre à quelles étapes intervient chacun des acteurs, et quels sont les niveaux de connaissance de l'innovation disponibles à chaque étape.

Ce travail étant réalisé, nous nous sommes intéressés à la problématique majeure de l'aide à la décision en conception innovante : la modélisation et la capitalisation de connaissances sur les coûts et la valeur de produits connus, en vue d'estimer a priori les coûts et la valeur globaux de produits nouveaux.

IV.1.3. Cadre de modélisation d'une innovation produit (bien et service)

Le cadre de modélisation proposé a pour vocation de permettre la formalisation des relations structurelles entre les caractéristiques du modèle de l'innovation et les effets de ces caractéristiques sur les indicateurs de coûts et de valeur qui en découlent sur l'intégralité du cycle de vie [SOE 01].

La performance globale étant déployée au cours du cycle de vie de l'innovation, ces propriétés caractérisent soit directement le produit ou ses composants, soit les processus constitutifs du cycle de vie du produit (conception, fabrication, utilisation, maintenance, recyclage...).

Ceci nous a amené à intégrer dans nos modèles quatre classes d'entités informationnelles [TOM 02b]:

- Les composants : Le produit est composé de composants. On peut citer pour exemple le produit 'véhicule' qui est composé notamment d'un moteur et de la caisse. Dans le cas d'un service, cette entité n'est pas utilisée car il n'existe pas de composants physiques. Ce premier axe n'est exploitable que pour les produits matériels, les services seront directement caractérisés à partir de l'axe des fonctions/prestations.

- Les fonctions / prestations : Les composants du produit assurent les fonctions (ou prestations) voulues par l'utilisateur. Dans le cas de services, l'innovation réside dans ces prestations elles même ou dans la manière dont elles sont réalisées, mais pas dans les moyens matériels (ressources humaines et/ou matérielles) qui permettent cette réalisation.

- Les propriétés : Des propriétés spécifiques caractérisent le produit (bien ou service) et ses composants (matériels ou prestations). Exemple : la puissance d'un véhicule, les dimensions d'une pièce, la vitesse d'une transaction, la qualité d'un soin.

- Les items de valeur : Le produit est évalué sur des éléments représentatifs d'une certaine valeur perceptible par les utilisateurs (au sens large), que nous désignons par items de valeur. Ces items de valeur sont les critères sur lesquels les utilisateurs portent un jugement sur le produit, d'une part par rapport à leurs attentes ou besoins personnels et (appréciation absolue), d'autre part, par rapport aux produits de marque concurrente (appréciation relative).

Pour permettre la propagation des modifications apportée au produit au cours de sa conception, jusqu'aux effets de ces modifications sur le coût et sur la valeur sur l'intégralité du cycle de vie, j'ai proposé un cadre de modélisation du produit porteur de l'innovation constitué de 3 axes (figure 11) :

- l'axe de décomposition, car la modification d'un composant entraîne systématiquement une modification du système composé et vice-versa.

- l'axe de contribution, car la modification d'une entité A contribuant à l'obtention d'une entité B (le composant physique 'vis' contribue à la fonction 'serrage') peut avoir des conséquences sur cette entité B (la modification du diamètre du composant 'vis' aura un impact sur le couple de serrage nécessaire).

- l'axe d'interaction, car la modification d'une entité A en interaction avec une entité B a des conséquences dépendant du type de modification, sur cette entité B (la modification du diamètre du composant 'vis' aura un impact sur le diamètre du taraudage du bâti (sur lequel la vis est fixée)). Les interactions prise en compte ne peuvent exister qu'entre des entités de même nature et de même niveau de décomposition, et elles peuvent être de différentes natures : mécanique, chimique, électrique, etc.

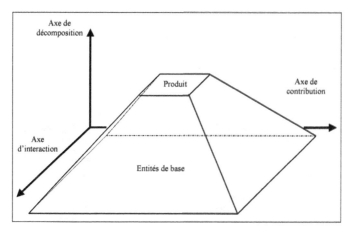

Figure 11. Le cadre de modélisation du produit (bien ou service) porteur d'innovation

Ce cadre de modélisation est utilisable quel que soit le type d'innovation : innovation produit, de service, organisationnelle, commerciale, de procédé ou autres. Des relations monodimensionnelles (de composition, de contribution et d'interaction), et trois types de relations multidimensionnelles sont modélisées entre les entités :

- les relations de caractérisation (figure 12) : une propriété de niveau de décomposition n caractérise un composant de niveau n+1 (l'autonomie, à laquelle contribue la fonction propulsion réalisée par le moteur, caractérise le véhicule)

- les relations d'appréciation (figure 12) : un item de valeur de niveau de décomposition n est une appréciation d'un composant de niveau n+1 (la performance technique à laquelle contribue notamment l'autonomie est un élément d'appréciation du véhicule)

- les relations d'implication (figure 13) : l'existence d'un produit (bien ou service) implique un certain nombre de processus au cours de son cycle de vie

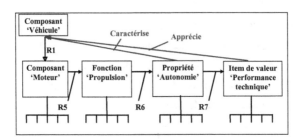

Figure 12. Relations monodimensionnelles (R1 (composition), R5, R6 etR7 (Contribution)) et relations multidimensionnelles (Caractérisation et appréciation)

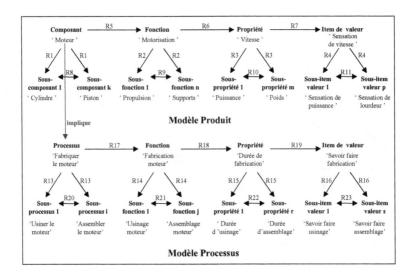

Figure 13. Relation multidimensionnelle d'implication

Les relations entre entités peuvent être obtenues grâce à différentes sources d'information et à différents outils :

- relations de types R1, R2, R5, R13, R14 et R17 : analyses fonctionnelles et structurelles issues de documents techniques (nomenclatures et organigrammes) ou obtenues avec des méthodes de spécification de type FAST ou APTE [AFA 98].

- relations de types R3, R4, R7, R11, R15, R16, R19, R23 : études de corrélation entre les données issues de mesures physiques, de tests, et de questionnaires où les clients et les experts définissent leurs taux de satisfaction (méthodes de régression [RYS 98], et plans d'expérience [ALE 95]).

- relations de types R6 : utilisation de grilles d'analyse réalisées par les experts métiers de l'entreprise,

- relations de types R8, R9 et R10 : étude de documentations techniques, de tests physiques, de connaissances d'experts,

- relations de types R12, R15, R16, et R18 à R23 : utilisation des documents des constructeurs, des connaissances des experts (fonctionnement de l'entreprise et connaissances extérieures), procédures, enquêtes auprès des acteurs du cycle de vie du produit, etc.

La thèse de Frédéric Tomala a porté sur le développement de méthodes permettant l'estimation du coût global et de la valeur globale d'une innovation en exploitant ce cadre de modélisation.

IV.1.4. Méthodes pour l'estimation et l'évaluation de la performance globale d'une innovation

Nous nous inscrivons dans une problématique de formalisation, de gestion et de capitalisation des connaissances sur des produits connus, exploitables pour l'évaluation de produits nouveaux.

Sur la base du référentiel défini dans le cadre de PROSPER [DEN 02b], nous considérons que ces connaissances sont essentiellement *déclaratives* et *tacites*, c'est à dire portant sur des faits et non sur leur explication, et insuffisamment formalisées pour être intelligibles et donc exploitables par d'autres personnes :

- les connaissances détenues par certains experts, sur les effets de certaines caractéristiques d'un produit sur son coût et sa valeur (par exemple, l'expert en marketing sait que certaines couleurs déplaisent aux utilisateurs et peuvent donc nuire à la valeur de signalisation et à la valeur d'estime du produit (voir §II.2.1.)),

- les connaissances détenues par certains professionnels, sur les événements et processus induits par certaines caractéristiques d'un produit, et susceptibles d'être sources de coûts et/ou de valeur (par exemple, le choix d'une technique constitutive du produit va nécessiter des processus de maintenance préventive particuliers),

- les connaissances détenues par certains utilisateurs sur l'appréciation de performances de produits possédant certaines caractéristiques (par exemple, un véhicule familial sera perçu comme plus « pratique » par une mère de famille).

Le but des méthodes suivantes est de rendre ces connaissances procédurales et explicites (E.E.M.E. : Estimation des Effets de l'introduction d'une innovation à l'aide de Modèles de type Événement, et E.E.M.C.I. : Estimation des Effets de l'introduction d'une innovation à l'aide de Modèles de type Caractéristiques de l'Innovation) et de les exploiter pour une évaluation de la performance globale de plusieurs alternatives d'innovations (A.E.I.I. : Analyse et Évaluation des Effets de l'Introduction d'une Innovation).

Les méthodes E.E.M.E. et E.E.M.C.I. vont permettre d'estimer les effets d'une innovation globale, ou partielle sur un produit existant, en termes d'amplitude et de probabilité d'occurrence de ces effets.

Méthodes E.E.M.E. et E.E.M.C.I

Les connaissances considérées portent sur deux types d'objets par lesquels une innovation peut être décrite :

- les 'Événements' : effets imaginés ou réels d'une innovation considérée comme génératrice de modifications techniques, physiques, fonctionnelles, de valeur,…sur l'environnement existant (produit, processus), utilisés pour l'estimation des modifications sur un système existant,

- les 'Caractéristiques' : utilisation des caractères propres ou signes distinctifs de l'innovation. Nous proposons trois types de caractéristiques :'Générales', 'Descriptives', et 'Événementielles'. Ce type de description est utilisé principalement pour l'estimation des systèmes totalement nouveaux.

La méthode E.E.M.E. permet d'exploiter une description à partir des événements générés par la décision d'innover.

Elle s'apparente aux méthodes utilisées en sûreté de fonctionnement, telles que la méthode de l'arbre des causes ou de défaillance (MAC/MAD) [ZWI, 96].

La structure au sein de laquelle les effets d'une modification de conception se propagent est le modèle du produit et le modèle des processus associés, implémentés dans le cadre de modélisation présenté précédemment.

La propagation de l'information au sein de cette structure se fait selon une approche de type « système expert » basée sur :

- Une base de faits contenant des faits initiaux, des observations ou des événements relatifs au produit et au processus (l'absence de certains moyens de production, par exemple, est un fait initial qui va être déterminant dans la propagation). La propagation des effets dans les modèles est déclenchée à partir des faits et à l'aide d'un moteur d'inférence. Cette propagation utilise les relations Rn et les règles génériques de la base de règles.

- Une base de règles contenant les règles génériques de propagation des informations au sein des modèles. Ces règles génériques expriment les différents modes de propagation de l'information dans les modèles, suivant le type de relation et le type de modification réalisée. Elles sont définies à partir de l'ensemble des configurations possibles des modifications sur les trois axes.

- Exemple de règle :

  POUR x allant de r à 4
  SI Suppression d'une entité Xi de niveau de décomposition n et de rang x
  ET SI l'entité Xj de niveau n et de rang x + 1 est reliée uniquement par contribution à l'entité Xi
  ALORS Suppression de Xj de niveau n de rang x + 1
  FIN SI
  FIN POUR

- Un moteur d'inférence chargé d'exploiter la base de règles et de faits. Dans le cas que nous traitons, les raisonnements mis en œuvre peuvent être déductifs ou inductifs selon que l'on utilise la méthode pour estimer les performances d'une solution donnée ou pour construire une solution répondant à des objectifs de performance donnés.

L'espace de caractérisation de l'innovation étant rempli grâce à ces outils, nous pouvons calculer le coût et la valeur globale d'une innovation à partir des formules présentées dans le tableau 3.

Probabilité de modification d'un système A composé de n composants (A1,...,An)	$$PM(A) = 1 - \prod_{i=1}^{n}(1 - PM(A_i))$$
Probabilité de modification d'une entité A en relation de contribution ou d'interaction avec une entité B, d'un taux égal à TPM (B/A)	$$PM(A) = PM(B) \times TPM(B/A)$$
Risque de modification d'une entité A dont le taux de modification est égal à TM (A)	$$RM(A) = TM(A) \times PM(A)$$
Valeur portée par un « parcours », chemin reliant l'entité touchée par la modification d, à un item de valeur donné, constitué sur l'axe de contribution des taux de contribution C1, C2, C3	$$V_p = TM_d \times \left(\prod_{z=1}^{3} C_z \right)$$
Valeur ajoutée globalement à l'item de valeur i par la modification d	$$VG_i = \sum_{p=1}^{n} V_p = TM_d \times \left(\sum_{p=1}^{n} \left(\prod_{z=x}^{3} C_z \right)_p \right)$$
Coût global d'une innovation constituée de n nouveaux composants et de m composants préexistants subissant des modifications	$$CS_i = \sum_{j=1}^{n} CSE_j + \sum_{k=1}^{m} CSN_k$$

Tableau 3. Formules de calcul du coût et de la valeur globale d'une innovation

La méthode E.E.M.C.I. permet d'établir des modèles paramétriques à partir d'analogies faites sur des innovations passées, et d'en déduire les conséquences des innovations futures.

Nous avons identifié trois types de caractéristiques permettant de décrire une innovation :

- caractéristiques générales (nature, degré d'innovation…),

- caractéristiques descriptives

- descriptions par les valeurs (confort, esthétisme, performance,…),

- descriptions technologiques (mode d'assemblage, état de surface …),

- descriptions physiques (surface, volume, longueur,…),

- description fonctionnelle (vitesse maxi de déplacement, nombre de volumes, autonomie,…)

- caractéristiques événementielles (modification importante de la planche de bord d'un véhicule, modification faible du confort,…).

Le but est de trouver des modèles paramétriques des relations existant entre certaines de ces caractéristiques et des indicateurs de performance en rapport avec le coût et la valeur. Pour cela, nous avons proposé d'adapter des méthodes de traitement statistiques de données, notamment les plans d'expérience et la méthode Taguchi, plus classiquement utilisées dans les problèmes de qualité [TOM 01a] et [TOM 03b].

L'application de ce travail à la modélisation des relations entre quelques indicateurs génériques (prix de revient au kilomètre (PRK) et rang de préférence (RdP)) et quelques caractéristiques fonctionnelles : A (vitesse maxi), B (nombre d'équipements), C (autonomie) et D (nombre de volumes), d'un véhicule automobile nous a permis d'obtenir les modèle paramétriques suivants :

$$PRK = 0{,}56 + \begin{bmatrix} -0{,}08 \\ -0{,}06 \\ +0{,}14 \end{bmatrix} [A] + \begin{bmatrix} -0{,}04 \\ -0{,}03 \\ +0{,}07 \end{bmatrix} [B] + \begin{bmatrix} -0{,}05 \\ +0{,}03 \\ +0{,}02 \end{bmatrix} [C] + \begin{bmatrix} -0{,}01 \\ -0{,}09 \\ +0{,}10 \end{bmatrix} [D]$$

$$RdP = 40{,}96 + \begin{bmatrix} +8{,}15 \\ -5{,}15 \\ -3{,}00 \end{bmatrix} [A] + \begin{bmatrix} +18{,}05 \\ -3{,}56 \\ -14{,}59 \end{bmatrix} [B] + \begin{bmatrix} +19{,}89 \\ -6{,}81 \\ -13{,}07 \end{bmatrix} [C] + \begin{bmatrix} -12{,}41 \\ -0{,}52 \\ +12{,}93 \end{bmatrix} [D]$$

Toutes précautions étant prises sur la représentativité de l'échantillon de personnes consultées pour construire les plans d'expérience, on peut par exemple déduire de ce modèle qu'une innovation contribuant à réduire le nombre de volumes d'un véhicule de tourisme suscitera plus d'intérêt qu'une innovation contribuant à augmenter sa vitesse maximale (et quantifier l'augmentation de cet intérêt), et contribuera plus à l'augmentation de son prix de revient au kilomètre (et quantifier l'augmentation correspondante). De manière très qualitative, on peut dire que cette conclusion est avérée par le succès actuel des véhicules monospaces, pourtant assez coûteux d'utilisation.

Méthode A.E.I.I.

La méthode A.E.I.I permet après la phase d'estimation, d'évaluer les innovations à partir de deux principes de base :

- la réalisation de fiches (fiches d'impacts, fiches bilan des conséquences, fiche résumé) regroupant toutes les informations utiles à l'évaluation, et expliquant de manière inductive comme dans la méthode AMDEC (Analyse des Modes de Défaillance, de leurs Effets et de leur Criticité) [ZWI 96], les liens de causes à effets,

- une évaluation multicritère basée sur l'exploitation de ces informations

Le premier principe est une extrapolation de ceux de la méthode AMDEC, mais comme le montre le tableau 4, les concepts utilisés sont différents puisqu'il ne s'agit pas pour nous d'étudier les effets de défaillances, mais d'actions innovantes.

Méthodes	Concepts employés				
AMDEC	Effets d'une défaillance sur la qualité, la sécurité, la productivité…	Gravité des effets	Fréquence des effets	Détectabilité de la défaillance	Criticité de la défaillance
AEII	Effets d'une innovation sur le coût global et la valeur globale	Importance des effets	Niveau de confiance sur l'estimation des effets	Accessibilité à la connaissance sur les effets	Score de l'innovation

Tableau 4. Comparaison des concepts employés dans les méthodes AMDEC et AEII

Les scores sont des informations agrégées issues d'une analyse multicritère des résultats fournis par les méthodes E.E.M.E., E.E.M.C.I., ou directement par des experts.

Dans un souci d'illustration, et non pas d'optimisation de cette partie de la démarche, nous avons choisi d'utiliser la méthode de la somme pondérée, présentant l'avantage d'être simple d'application et intuitive, mais qui impose quelques contraintes en termes de cardinalité et de normalisation des données. Plusieurs méthodes permettent d'évaluer les poids affectés aux critères, on trouve la méthode de classement simple, la méthode des comparaisons successives, etc. [POM 93].

La comparaison des solutions est réalisée de la manière suivante :

- calcul des scores de chaque scénario d'innovation,

- comparaison des scores synthétisés et explicités sur la fiche 'bilan des conséquences',

- choix d'un scénario.

On distingue, au niveau du choix d'un scénario, deux niveaux de décision:

- Niveau 1 : la décision est prise uniquement à partir de l'information sur le score calculé de chaque scénario : comparaison des scores de l'ensemble des scénarios d'innovation et choix de la solution la plus intéressante pour l'entreprise.

- Niveau 2 : en plus des informations de score de chaque scénario, d'autres données statistiques peuvent être présentées au décideur, tels que le poids moyen (importance moyenne des conséquences IMC) et la confiance moyenne d'un scénario (CM). Cette possibilité est intéressante lors des cas discutables (scores proches, manque d'informations) qui rendent les décisions difficiles. A ce niveau le décideur prend une décision en fonction des priorités qu'il accorde à l'enjeu de la décision (poids) et au risque pris (confiance). L'outil permet ici de décider sur le rapport enjeux/ risque d'une décision (enjeux : impact de la solution sur le coût et la valeur ; risque : incertitude sur l'obtention à terme de cet impact).

IV.1.4. Positionnement dans la communauté scientifique

La problématique de l'ingénierie de l'innovation à laquelle nous nous sommes intéressés peut être vue selon deux angles non exclusifs :

- l'ingénierie des connaissances [LEO 97], [NON 94], [FOR 95].

- l'ingénierie organisationnelle [REN 99], [WEI 99]

L'aspect ingénierie organisationnelle ayant plutôt été traité dans le chapitre V, je positionnerai cette partie du travail par rapport aux recherches portant sur :

- la modélisation de produits en conception,

- la structuration de connaissances pour la modélisation de systèmes complexes [PEN 94]

- l'aide à la résolution de problèmes d'innovation [ALT 99]

- les méthodes formelles d'analyse de la valeur

- les méthodes de gestion du risque [COU 96], [GID 00], [NOY 01]

Les approches modernes de modélisation de produits en conception sont développées autour de la notion de point de vue, considérant que la conception d'un produit ne se limite pas à une spécification géométrique mais doit tenir compte de nombreuses autres caractéristiques intéressant les acteurs du cycle de vie du produit conçu.

La modélisation à base de caractéristiques consiste à considérer le modèle produit comme étant une association d'unités d'information (les *features*) précisant un agrégat de propriétés qui caractérisent le produit selon un certain point de vue [FEM 97]. Le modèle de produit utilisant le concept de *feature* développé par le LAMIH de Valenciennes [JAC 98] est structuré en cinq niveaux pour représenter le besoin, les exigences fonctionnelles du besoin, les aspects technologiques, les aspects techniques et les aspects détaillés. Ces niveaux sont transversaux aux métiers. Les deux premiers niveaux permettent de décrire les points de vue du client et d'expliciter le cahier des charges indépendamment des métiers. Les trois autres niveaux font référence à des points de vue de plus en plus spécialisés et constituent une structure d'accueil pour différentes familles de *features* métiers. Ces travaux n'ont pas vocation à fournir une évaluation d'une alternative de conception innovante, mais plutôt une aide à la définition de plus en plus exhaustive d'une alternative de conception « traditionnelle », pour laquelle ont peut disposer d'un certain savoir faire, sinon d'un retour d'expérience. Les résultats de nos propositions pourraient cependant être intégrés dans une nouvelle catégorie de *features* que l'on qualifierait d'économique.

La modélisation multi- vues pour la conception intégrée consiste à représenter les composants d'un produit (pièces, ensemble de pièces) et leur structure, ainsi que les relations qui existent entre eux et avec l'extérieur. Une grammaire associée permet de construire un modèle produit. Les objectifs sont de pouvoir stocker des données relatives aux différents métiers, de pouvoir les restituer en temps voulu et de propager les contraintes entre ces acteurs. L'extension de cette approche aux modèles pour l'ensemble du cycle de vie du produit consiste à tenir compte dans ces modèles des différentes étapes de ce cycle : du produit virtuel, de sa fabrication, son assemblage, ses phases d'utilisation et de recyclage, dans le but de permettre des raisonnements analogiques dans les démarches de reconception [TIC 96]. Nos travaux sont très proches de cette démarche, mais encore une fois ils sont spécifiques aux innovations, une étude plus appropriée de la notion d'analogie permettrait sans doute un enrichissement, voire une convergence vers une méthodologie de conception pour la performance globale générique.

Par rapport à la méthode SAGACE, dédiée à la modélisation de systèmes complexes [PEN 94], il me semble que nos travaux s'inscrivent dans une logique moins déterministe rendant certaines des 9 vues du système proposées non implémentables dans le cas d'une innovation. Cet avis doit être confirmé et étayé par une lecture approfondie des travaux de Jean-Michel Penalva.

La méthode de résolution de problèmes d'innovation TRIZ est quant à elle plutôt dédiée à la génération de solutions innovantes par la résolution des contradictions techniques et physiques posées [ALT 99]. L'évaluation de ces solutions ne fait l'objet d'aucune formalisation particulière. La notion de « résultat ultime idéal » est un critère d'évaluation pris en compte mais ne traduit en aucuns cas la pertinence industrielle de la solution. L'association à TRIZ d'une méthode d'évaluation des effets d'une innovation sur la performance globale telle que la notre contribuerait à combler cette faiblesse. Cette collaboration potentielle a été engagé par Frédéric Tomala dans le cadre des réunions du Groupe 6 du GRP, et plus précisément du sous-groupe « Innovation », et a donné lieu à la rédaction d'un article soumis à *International Journal Of Design and Innovation Research*.

Nous pourrions aussi faire bénéficier notre approche des résultats de deux catégories de travaux :

- Ceux portant sur la prise en compte de l'imprécision dans l'appréciation de la performance par l'être humain : travaux de Lamia Berrah sur les indicateurs de performances basés sur la logique floue [BER 97] et ceux de Schöggl portant sur la modélisation des relations entre les appréciations subjectives globales ou locales et les caractéristiques techniques d'un produit (exemple : relations entre le confort véhicule à l'arrêt et le ralenti moteur). Schöggl utilise pour cela également la théorie des sous-ensembles flous, et établit les relations entre données subjectives et objectives à l'aide des réseaux de neurones à partir de ces données floues [SCH 99], Petiot utilise d'autres techniques pour formaliser l'expression de valeur subjective émise par les clients sur les produits [PET 03].

- Ceux portant sur l'évaluation des risques par une métrique paramétrée permettant aux experts de pondérer l'importance des facteurs de risque, et de quantifier le niveau de confiance qu'il porte à son appréciation d'une situation donnée [NOY 01]

Nos travaux sont enfin à rapprocher des recherches menées en sciences de gestion sur l'adaptation des principes du contrôle de gestion à la maîtrise des coûts engagés sur le cycle de vie lors de la conception de produits nouveaux [GAU 00].

IV.2. Performances des propositions

IV.2.1. Pertinence

L'exploration que nous avons réalisée des pratiques industrielles montre que pour une entreprise telle que Renault faisant de l'innovation son principal facteur de compétitivité, certaines pratiques vont à l'encontre de la production d'innovations génératrices de performance globale :

- les jugements des experts sont souvent difficilement formalisables et donc difficilement réutilisables par d'autres personnes,

- les experts n'ont pas une connaissance exhaustive des conséquences d'une innovation, ils ont en général des connaissances limitées à un domaine, ils ne peuvent apporter qu'un avis restreint sur l'apport de l'innovation,

- dans le domaine automobile, les questions sont seulement posées aux particuliers et pas aux utilisateurs de flottes, ni aux loueurs, or ce sont ces clients qui sont les plus sensibles au coût d'usage (bien que cette sensibilisation ait tendance à se généraliser aux clients particuliers),

- par rapport au bouclage théoriquement idéal des informations [REN 99] (Collecte/ Analyse/ Diffusion/ Utilisation), la véritable mise en œuvre de chacune des phases est variable et le bouclage non effectué, plus précisément : la collecte est correcte ; l'analyse est insuffisante ; la diffusion est mauvaise, pas adaptée et sporadique ; l'utilisation est nulle,

- les questions portent très peu sur le prix, surtout sur le produit, pas assez sur le service, et de manière incomplète sur l'image.

Une méthode d'évaluation contribuant à la formalisation des connaissances et à l'évaluation multicritère des alternatives d'innovation constitue une réponse globale pertinente à ces problèmes. Il nous reste à évaluer la pertinence de chacun des outils utilisés par rapport aux autres outils et méthodes de même catégorie (outils d'analyse statistique de données, méthodes multicritère, outils d'analyse fonctionnelle,…).

Il est à noter que cette question de la pertinence des outils, et même de la démarche en général est au cœur des réflexions du GT IS3C (Ingénierie des systèmes de conception et conduite du cycle de vie produit), créé récemment au sein du pôle STP du GDR MACS.

IV.2.2. Efficience

Il est difficile d'apprécier l'efficience d'une méthode basée sur le recueil de connaissances que possèdent une multitude d'acteurs intervenant sur le cycle de vie d'un produit. Je pense que l'on peut affirmer que s'il faut mettre en œuvre la démarche en « partant de zéro » au niveau des relations du cadre de modélisation, et du recueil de données nécessaires à la construction des modèles paramétriques, l'efficience pour une innovation donnée est très faible.

Par contre, si cette démarche s'inscrit dans une stratégie d'entreprise délibérément tournée vers l'innovation, l'exploitation régulière de nos propositions peut aboutir à une très grande efficience. Une telle stratégie est notamment caractérisée par :

- Une politique d'enquêtes marketing construite et mise en œuvre dans un véritable esprit de bouclage vers la conception. Plusieurs études statistiques existent notamment dans le domaine automobile, où les évaluations du produit par les clients et les experts sont analysées lors de tests et d'enquêtes [REN 99].

- Une organisation de projets propice à l'innovation, impliquant tous les acteurs susceptibles d'apporter des solutions et des appréciations de ces solutions. Hatchuel et Weil considèrent que les principes génériques d'une telle organisation ne peuvent être mis en œuvre qu'au travers d'une approche de 'conception collective' associant les principes du management de projet aux principes de la gestion de connaissances [WEI 99]. L'entreprise Renault que nous avons côtoyée dans le projet METACOG présenté ci-après, est particulièrement impliquée dans cette démarche, qu'elle applique avec deux concepts de base : l'organisation orbitale et le chef de projet innovation [CIV 99].

IV.2.1. Efficacité

L'efficacité de ces propositions a été partiellement démontrée dans le cadre du projet METACOG (Méthodologie pour l'Aide à la Conception pour un Côut Objectif Global), s'inscrivait dans le programme de recherche PROSPER du CNRS, qui a été mené dans le cadre d'un triple partenariat entre la Direction de la Recherche de Renault, le LAMIH (Laboratoire d'Automatique, de Mécanique et d'Informatique Industrielles et Humaines) de l'Université de Valenciennes et le LRSGUN (Laboratoire de Recherche en Sciences de Gestion) de l'Université de Nantes.

L'objectif de ce projet était double :

- aboutir à une méthodologie d'estimation du coût global (ou coût de cycle de vie) et de la valeur globale d'une innovation dès sa conception,

- construire un outil d'aide à la conception pour le coût et la valeur objectifs globaux.

Deux contraintes bornaient cette recherche : la méthodologie concernait les produits innovants, et la réflexion devait s'inscrire dans un contexte d'entreprise étendue. L'expérimentation a été réalisée sur le projet 'véhicule sans clé' ('VsC'), aujourd'hui largement appliqué aux véhicules de la marque, mais qui était alors une innovation Renault prévue sur le véhicule remplaçant la Laguna I [PRO 99].

Une première phase a consisté à modéliser le produit pré-existant (Laguna), les processus liés au produit et l'innovation grâce au cadre de modélisation proposé.

Nous avions cinq versions d'innovation (scénarios) à évaluer :

- Scénario 1 : Scénario de référence : pas d'innovation sur le véhicule.

- Scénario 2 : innovation permettant la mémorisation d'informations concernant plusieurs systèmes techniques du véhicule (position des sièges, du rétroviseur,...).

- Scénario 3 : Scénario avec innovation 'véhicule sans clé' : une carte remplace la clé, utilisation manuelle.

- Scénario 4 : Scénario 'accès mains libres' ('véhicule sans clé') : une carte remplace la clé, utilisation semi-automatique (une partie en manuel et une autre en automatique).

- Scénario 5 : Scénario 'badge mains libres' ou interactif : ('véhicule sans clé') : une carte remplace la clé, utilisation automatique.

Le tableau 5 présente de manière plus détaillée et structurée les caractéristiques de ces différents scénarios, et le tableau 6 la fiche « bilan des conséquences » résultant de l'étude de ces caractéristiques.

Fonctions	Scénarios				
	S1	S2	S3	S4	S5
Déverrouillage portes	Manuel avec clé	Manuel avec clé	Manuel par carte et bouton	Semi-automatique : utilisateur et poignée	Semi-automatique : utilisateur et poignée
Blocage et lecture de la carte			Manuel par carte et lecteur	Manuel par carte et lecteur	Automatique
Authentification utilisateur		Manuelle par code	Manuelle par code et carte	Reconnaissance automatique	Reconnaissance automatique
Déblocage de la colonne de direction	Manuel (mécanique)	Manuel (mécanique)	Manuel par code et carte (électrique)	Manuel par carte et lecteur (électrique)	Automatique
Démarrage du moteur	Manuel clé et neman	Manuel clé et neman	Manuel par commutateur	Manuel par bouton poussoir	Semi-automatique : utilisateur et bouton poussoir
Mémorisation et mise à jour des informations		Automatique	Automatique	Automatique	Automatique
Arrêt du moteur	Manuel clé et neman	Manuel clé et neman	Manuel par commutateur	Manuel par bouton poussoir	Manuel par bouton poussoir
Déblocage de la carte			Manuel par commutateur	Manuel par bouton poussoir	
Blocage de la direction	Manuel (mécanique)	Manuel (mécanique)	Manuel par carte	Manuel par carte	Automatique
Verrouillage du véhicule	Manuel avec clé	Manuel avec clé	Manuel par carte et bouton	Automatique	Automatique

Tableau 5. Synthèse des scénarios

	Ensemble des scénarios concernant le problème 'VSC'		
	Score du scénario	Importance moyenne des conséquences ou poids (ICM)	Confiance moyenne d'une estimation (CM)
Scénario 1	489,95	7	95%
Scénario 2	558,75	12	70%
Scénario 3	656	29	65%
Scénario 4	750,25	35	50%
Scénario 5	505,3	37	40%

Tableau 6. Fiche bilan des conséquences de l'innovation « Véhicule sans clé »

Les informations présentes dans ces tableaux permettent de prendre une décision de niveau 1 (décision basée sur l'information du score uniquement) ou de niveau 2 (décision basée sur plusieurs informations telles que la confiance, le poids).

Le choix d'un scénario est réalisé en fonction du caractère et / ou de la stratégie du décideur. S'il est audacieux il privilégiera l'enjeu (donc le score), par contre, si il est prudent il privilégiera la sécurité c'est à dire le non risque (donc le niveau de confiance).

Le scénario qui a été finalement retenu est le scénario 3 pour les raisons suivantes :

- son score est le deuxième après le scénario 4,

- les conséquences font apparaître un enjeu important,

- les estimations concernant ce scénario sont globalement satisfaisantes (65%).

Le scénario 3 constitue un compromis entre l'enjeu et le risque, traduisant une attitude à la fois dynamique et raisonnée. Même si notre étude n'a sans doute pas été la seule justification du choix, c'est cette solution qui a été finalement retenue par Renault, et appliquée à la Laguna II ainsi qu'à plusieurs autres modèles de la marque (Mégane…). La décision a pu être prise à partir d'informations sur le coût global et la valeur globale de l'innovation, ce qui témoigne de l'efficacité de l'approche.

Compte tenu des connaissances disponibles, cette évaluation a porté sur la méthode E.E.M.E.. Pour évaluer la méthode E.E.M.C.I., nous avons procédé à une étude des paramètres influençant le prix de revient kilométrique et le rang de préférence de véhicules automobiles (voir § IV.1.4). Si cette étude a bien démontré l'efficacité des modèles dans l'aide au choix entre plusieurs alternatives innovantes, elle a mis en évidence leur principale faiblesse qu'est la sensibilité aux conditions du recueil de données (taille, hétérogénéité, représentativité des échantillons, qui dans notre cas sont des panels de personnes interviewées).

Enfin, l'efficacité de la méthode A.E.I.I., comme toute approche multicritère basée sur la notion de pondération, dépend de la manière dont sont déterminés les poids des critères. Une exploration des méthodes lexicographiques, où seul l'ordre des poids joue un rôle, pourrait renforcer la *robustesse* de la méthode A.E.I.I.

V. Etude des effets de la coopération et de ses différentes formes sur la performance, dans un contexte de développement des technologies d'information et de communication

V.1. Contributions majeures et positionnement dans la communauté scientifique

V.1.1. Evaluation des effets de la coopération sur la performance globale (pourquoi coopérer ?)

La coopération n'a de sens que si elle permet de dépasser les limites de l'action individuelle [BAR 38], contribuant ainsi à l'amélioration de la performance, à la minimisation des risques ou des conflits. Cette recherche de performance collective s'impose de plus en plus, de par l'existence de trois phénomènes caractéristiques de notre époque industrielle : l'émergence de nouvelles formes d'organisation, l'accroissement des exigences en terme de performances, et un accroissement de la variété, de la variabilité et de l'incertitude [CAM 02]. Ces évolutions ont entraîné une distribution des informations, des savoirs et des compétences. Elles se sont traduites à la fois par une augmentation de l'autonomie et un renforcement des dépendances, renforçant ainsi les besoins de coopération.

Les effets directs de la coopération ont été précisément étudiés par Schmidt [SCH 91]:

-   Effets augmentatifs : les capacités cognitives individuelles étant de plus en plus insuffisantes, le fait de faire coopérer au sein d'un projet des acteurs aux capacités pourtant équivalentes, peut accroître l'aptitude globale du groupe à résoudre des problèmes,

-   Effets intégratifs : étant données la spécialisation croissante des connaissances et l'augmentation de la complexité des projets (complexité au sens de l'association de multiples techniques, méthodes ou outils devant interagir), il est aujourd'hui impossible de ne pas décomposer le problème en plusieurs parties. Il faut donc faire intervenir des acteurs sur des sous-tâches qui correspondent à leur savoir-faire, intégrer ces sous-tâches dans un ensemble performant et cohérent. Cette intégration sera évidemment facilitée et favorisée si les acteurs responsables des sous-tâches coopèrent lors de l'intégration, et ont coopéré lors de l'exécution des sous-tâches dans la préparation de l'intégration.

-   Effets confrontatifs : la confrontation de points de vues dans un contexte coopératif doit conduire au consensus qui atténue ou supprime les problèmes de contestabilité des décisions prises, alors que des acteurs aux savoir-faire similaires mais aux objectifs variés portent un avis sur ces décisions.

De par ces effets directs, la coopération génère d'autres effets contribuant à l'amélioration de la performance globale.

Génération d'innovation

Placée au premier plan dans le domaine de l'innovation, la fonction R&D doit mobiliser les ressources dont elle a besoin dans des espaces différents constituant, à un instant donné, son environnement [CRO 77]. Ces espaces de mobilisation sont déterminés par un réseau d'acteurs, qui, par leurs liens, leurs préoccupations et leurs intérêts, vont déterminer des contraintes ou des opportunités [GAI 99] :

Si la logique projet (et donc, la coordination qu'elle implique) apparaît « naturellement » comme une réponse à la gestion de la complexité qui caractérise l'activité de R&D dans une démarche d'innovation, il s'avère qu'une application directe des méthodes de management de projet développées à partir de certaines hypothèses de stabilité des objectifs, risque fortement d'aboutir à un échec [GAI 99].

En effet, le caractère non répétitif et complexe des projets de conception de produits nouveaux, [GEN 98], [MEL 90], [PAU 92] peut entrer en conflit avec une organisation qui serait trop rigide. La complexité des exigences liées aux produits et à l'environnement fait qu'il existe plusieurs solutions et plusieurs voies pour arriver à ces solutions. En conséquence, le projet étant unique, il intègre, en même temps, le processus de définition de la cible finale et l'exploration d'une réponse satisfaisante à cette finalité. En conception de produits nouveaux, par définition et bien qu'il existe certains invariants, les processus mis en œuvre sont nouveaux et originaux pour chaque nouveau produit. Il faut donc les re-concevoir, les re-construire à chaque nouveau projet [GID 00]. C'est essentiellement cette incertitude sur les résultats à atteindre (appelé souvent le 'To be' par opposition au 'As is' correspondant à l'existant), et les risques inhérents à cette incertitude, qui imposent la flexibilité et l'autonomie caractérisant les processus coopératifs.

Emergence de la valeur

L'activité de conception est nécessairement évaluée à partir de *critères économiques*, entendus comme tout ce qui peut traduire le rapport entre la satisfaction que les « consommateurs » directs ou indirects retirent de l'innovation et ce qu'elle leur coûte. Ceci rejoint la notion de valeur que P.Lorino [LOR 97] définit comme étant : « le jugement porté par la société (notamment le marché et les clients potentiels) sur l'utilité des prestations offertes par l'entreprise », précisant « la valeur exige la rencontre de deux entités physiques : des clients et des produits, et la rencontre de deux notions plus abstraites portées par ces entités physiques : des besoins portés par les clients et des prestations portées par les produits, satisfaisant à ces besoins ».

Le projet METACOG a permis de découvrir progressivement que la valeur ne peut résulter que d'une co-production d'acteurs qui ont, au cours du cycle de vie de l'innovation, un avis à donner sur la valeur et/ou un effet sur celle-ci. Il contribue sur ce point à une instrumentation permettant de répondre au problème souvent cité de *rationalité limitée* des acteurs classiques de la conception (qui aboutit à des solutions juste « satisfaisantes »), et de se rapprocher de la rationalité dite « substantive » (aboutissant à une solution optimale) [JOF 89].

Le périmètre organisationnel du cycle de vie d'une innovation est très vaste, et caractérisé par des niveaux de coopération d'intensités variées. Au delà du classique triptyque Fournisseurs – Donneur d'ordres – Clients, ce périmètre peut se limiter à un ensemble d'acteurs intervenant plutôt séquentiellement et formant une « chaîne » de valeurs [POR 86], mais s'étend le plus souvent à un ensemble d'acteurs liés par des partenariats plus complexes, formés autour de processus simultanés (notions d'entreprise étendue et plus généralement de « réseaux » d'acteurs [DUL 90]).

Mais cette coopération n'a d'intérêt que si elle aboutit à la convergence des points de vue vers la reconnaissance unanime d'un certain niveau de valeur, et donc à une modification du système de valeurs. Organiser la coopération, c'est donc permettre à des acteurs de l'organisation de communiquer, de s'approprier au contact des autres, savoirs et savoir-faire qui ne cessent ensuite d'influencer leur action dans leur unité. Organiser la coopération, c'est faciliter l'apprentissage organisationnel que Probst et Büchel [PRO 95] définissent comme « l'élargissement et le changement du système de valeurs et de connaissances, l'amélioration des capacités de résolution des problèmes et d'action » des acteurs de l'organisation.

Maîtrise des risques

Nous avons vu au paragraphe IV.1.1. que l'action d'innover présente un certain nombre de risques, que l'on peut classer en deux grandes catégories [FER 91] :

- les risques finaux, liés au résultat de l'innovation, qui correspondent au fait de ne pas être accepté par le marché ;
- les risques de développement, liés au processus d'innovation.

Le premier apport potentiel de la coopération dans ce domaine peut se limiter au partage des risques finaux. Le donneur d'ordres ne connaissant pas à l'avance le succès du produit ou service final sur le marché, veut limiter ses investissements (nouvelles compétences, nouveaux équipements...) et les confie donc à des sous-traitants. De son coté, le sous-traitant voit dans cette relation une occasion de s'associer à un groupe de grande dimension, et donc de bénéficier d'une certaine image de marque, d'un certain volume de commandes ou d'autres éléments pouvant contribuer à la pérennité de son entreprise. Les acteurs en présence voient donc dans la coopération un moyen de partager les risques inhérents à la versatilité du marché en général, et aux limites de leurs secteurs d'activité respectifs en particulier.

La coopération peut aussi être le support d'une démarche volontariste de recherche de maîtrise des risques liés au processus d'innovation.

Dans le cadre d'une activité de co-développement, l'intégration des fournisseurs dès la phase de développement par le donneur d'ordres permet à celui-ci de posséder les meilleurs leviers d'action sur les éléments qui feront la différence par rapport à la concurrence. Ce type de relation aboutit à une nouvelle distribution des rôles où le donneur d'ordres n'achète plus des composants ou matériaux, mais une capacité d'adaptation du fournisseur [LAI 98].

En outre, on constate actuellement un « glissement » de l'intérêt du consommateur du produit matériel vers le service, aussi est-il pertinent d'intégrer dans l'activité de conception des acteurs intervenant après la vente du produit et contribuant à ces services.

Le projet IRDPS du programme Prosper (Intégration des conditions limites d'utilisation des équipements de travail, pour la prévention des risques associés, dans la conception des systèmes de production), illustre une démarche d'intégration de l'utilisateur dans le processus de conception. L'objectif y était de maîtriser les risques inhérents à la sécurité de fonctionnement de presses rotatives, par l'intégration d'expertises individuelles en une expertise commune (construction de référentiel partagé) [PRO 99].

Dans une logique comparable, plus particulièrement dédiés à la maîtrise des risques liés à la défaillance, les travaux de Stéphanie Furon ont porté sur une approche de conception fondée sur un modèle de produit global, et visant à intégrer au plus tôt les contraintes liées à la mise en œuvre du soutien logistique.

Ces travaux ont montré la faisabilité et l'intérêt d'une telle approche dans le domaine du transport ferroviaire, et leurs résultats sont aujourd'hui exploités quotidiennement au sein de la société partenaire (Alstom Transports) [FUR 00].

Le projet POSEIDON du programme Prosper (Patrons d'objets pour les échanges industriels de données) traite de la gestion du processus de modification de produits. On y propose l'utilisation du concept de «patterns» ou «patrons», permettant la capitalisation de connaissances, et la définition d'acteurs collectifs (le « comité » et le « trinôme ») pour faciliter la construction d'un consensus [PRO 99].

Si l'implication des bons acteurs est une condition nécessaire à la performance des processus coopératifs, elle n'est pas suffisante : encore faut-il que ces acteurs soient convaincus de leur intérêt à coopérer (et qu'ils disposent d'outils de partage et d'évaluation de la valeur « ajoutée » par la coopération), que leur action soit localisée dans un cadre spatial, un cadre temporel, un cadre conceptuel et un cadre organisationnel favorables à l'*efficience*.

Je me suis plus particulièrement intéressé au cadre organisationnel et aux outils susceptibles d'amplifier les effets positifs de la coopération sur la performance globale.

V.1.2. Organisation et instrumentation de la coopération (comment coopérer ?)

V.1.2.1. Proposition d'un espace de caractérisation des contextes favorables à l'innovation

Le travail en commun (sens premier du terme co(ensemble)opération(action)) nécessite de planifier, de coordonner et de réguler les actions des différents acteurs impliqués dans le système [GUI 90]. La manière dont sont mises en œuvre ces trois activités est étroitement liée au mode d'organisation des acteurs.

Rasmussen a défini un certain nombre de modes d'organisation [RAS 91] :

- Dans l'organisation autocratique, un seul décideur a la responsabilité de la coordination des activités entre les différents acteurs. Ces acteurs coopèrent d'ailleurs essentiellement dans l'action par échanges d'informations, puisqu'ils n'ont aucun pouvoir de décision.

- L'organisation hiérarchique est stratifiée. La coordination est distribuée de telle manière qu'un décideur d'un niveau donné évalue et planifie les activités du niveau inférieur.

- La stratification d'une organisation bureaucratique donne lieu à une coordination hétérarchique, où les décideurs peuvent intervenir dans les domaines de leurs supérieurs ou subordonnés pour coopérer (la hiérarchie des décisions est différente de celle des acteurs).

- Dans une organisation anarchique, chaque opérateur planifie sa propre activité, sans interaction avec les autres décideurs. La communication existe seulement dans le contenu du travail.

- La coordination relative à une organisation démocratique entraîne une interaction et une négociation entre tous les acteurs de l'organisation.

- Chaque décideur d'une organisation diplomatique négocie avec ses voisins concernés et le flux d'information est localement planifié.

Mintzberg a quant à lui défini cinq modes de coordination : par ajustement mutuel, par supervision directe, par standardisation des procédures, des résultats et des qualifications [MIN 79].

Dans certains modes d'organisation, comme dans le cas de la standardisation des procédures, l'allocation des rôles et des tâches est rigide, et l'organisation ne permet pas de résoudre des problèmes posés par des situations nouvelles. Dans d'autres, comme l'ajustement mutuel, l'organisation peut résoudre des problèmes pour lesquels elle ne dispose pas de procédure toute faite. Dans ces cas, pour spécifier les fonctionnalités coopératives d'un système, il est important de décrire un modèle de résolution collective de problème [ZAC 93].

Partant de ces travaux, je me suis appuyé sur le triptyque forme de coopération / mode d'organisation / mode de coordination pour formaliser un espace de caractérisation des contextes favorables à la génération d'innovations génératrices de performance globale. Un contexte sera considéré comme favorable s'il aboutit à l'augmentation de connaissances et/ou à l'intégration et/ou à la confrontation, s'il est développé au sein d'une organisation diplomatique, démocratique, bureaucratique ou hiérarchique, et si la coordination est obtenue par ajustement mutuel ou par supervision directe.

La figure 14 présente cet espace dans le repère à trois dimensions associé, et le positionnement des différents processus coopératifs observés durant le projet METACOG.

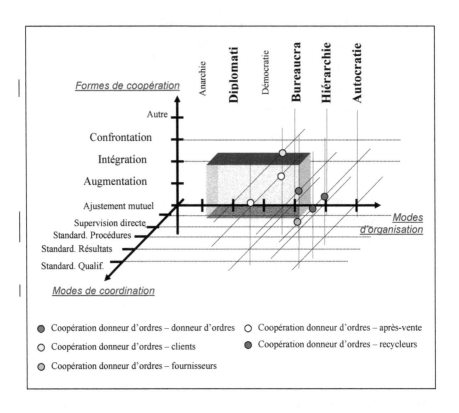

Figure 14. Positionnement des processus coopératifs identifiés dans METACOG, dans l'espace de caractérisation des contextes favorables à la génération d'innovations génératrices de performance globale

Cette analyse n'a pour seul objectif que de mettre en évidence les modes d'action collective qui semblent nécessiter une attention particulière si l'on veut les adapter à l'innovation génératrice de performance globale. Parmi les processus concernés (en dehors de l'espace grisé), le processus de coopération entre donneur d'ordres et recycleurs semble poser problème. En effet, il est d'une part associé à un mode de coordination contradictoire avec la coopération (coordination autocratique), d'autre part, il constitue une limitation aux possibilités d'innovation, de par les standards qu'il impose.

Ces standards, plutôt que de constituer un référentiel pour le concepteur sont en fait des contraintes évolutives qui doivent être intégrées à tout moment du processus innovant. Le processus de coopération entre donneur d'ordres et fournisseurs constitue également une limitation à l'innovation puisqu'il impose également certaines contraintes (convergence vers les coûts cible, intégration du composant dans un ensemble complexe...).

Enfin, la coopération entre le donneur d'ordres et certains acteurs après vente se met en œuvre par la standardisation qui est plus souvent une contrainte qu'un guide de référence, et donc une limitation à l'innovation.

Cette première contribution au pilotage des processus innovant portant sur la mise en œuvre de contextes favorables à la génération de performances globales a été suivie d'un autre travail portant sur le système d'information à mettre en œuvre pour ce même objectif.

V.1.2.2. Spécification d'un système d'information coopératif, application à la conception concourante et à la maintenance

Le système d'information constitue l'élément de base de l'instrumentation du travail coopératif [ALB 97]. Il nous a été demandé de contribuer à cette instrumentation dans le cadre du projet CISCOD (Cooperative Information System for Cooperative Design) inscrit dans le cadre du projet TRANSTECH (Transport Technology Product & Process Innovation Management) du programme européen RECITE II [CIS 02].

L'application industrielle dans le domaine de la conception et de la maintenance de roulements en aéronautique a été effectuée au sein de la société SNFA, présentée précédemment. L'objectif de cette entreprise (donneur d'ordres) d'améliorer ses performances (réactivité, délais, coûts, réponse aux besoins du client,...) en optimisant la collaboration avec ses clients, filiales, fournisseurs, et sous-traitants.

Partant d'un réseau d'entreprises préexistant, nous avons procédé à la spécification fonctionnelle et détaillée du système d'information partagé favorisant la conception et la maintenance coopérative des produits. Les processus coopératifs supportés par le système concernaient plus particulièrement trois activités, illustrées par la figure 15 :

- la conception participative : Il s'agit d'impliquer le client dans l'activité de conception. La coopération peut être séquentielle en lui permettant d'accéder aux connaissances relatives à des projets antérieurs qui le concernent, ceci afin de l'aider à produire des spécifications économiquement et techniquement plus rationnelles (relation n°2). La coopération peut également être parallèle (relation n°1) dans l'activité même de conception, où concepteur(s) et client(s) élaborent ensemble le produit, en partageant des objets tels que des schémas, des plans, des notes de calcul. Le concepteur pourra exploiter l'ensemble des connaissances de la base de connaissances produit pour répondre aux spécifications par une méthode analogique

75

(supportée dans le cas SNFA, par l'application SACRAA (Système d'Aide à la Conception de roulement pour l'Aéronautique et de l'Aérospatiale)) [BOU 98],

- le partage et l'échange de données techniques, commerciales, et d'applications : il s'agit essentiellement de coopération séquentielle entre donneur d'ordres et fournisseurs d'une part, et entre donneur d'ordres et filiales d'autre part. Plus précisément, un certain nombre d'informations techniques et commerciales sont mises à la disposition des filiales (relation 8) afin de constituer une connaissance de 'groupe' favorisant la relation « gagnant-gagnant ». Les filiales associées à la SNFA doivent pouvoir exploiter une partie de sa connaissance technique (relations 3 et 4), portant par exemple sur des résultats d'essais, et exploiter des applications qu'il possède (relation 5) mais dont l'investissement ne se justifie pas pour les filiales (par exemple, des applications de calculs spécifiques).

- le télé-diagnostic et la télé-expertise : lorsqu'un incident survient chez le client, ce dernier peut rechercher dans une base de connaissances incidents localisée chez le partenaire industriel, les cas similaires éventuellement rencontrés et les diagnostics qui en ont été faits (coopération séquentielle, illustrée par la relation 7). Si une expertise plus approfondie s'impose, l'expert peut intervenir sans se déplacer, et rechercher la cause de l'incident à partir d'informations transmises en temps réel (photographies, vidéo, résultats de mesures...), en s'appuyant éventuellement lui même sur la base de connaissances incidents (coopération parallèle, illustrée par la relation 6). Cette dernière activité est un élément de base d'une stratégie plus globale de télé-maintenance.

Dans son application industrielle, le projet CISCOD a abouti aux résultats suivants :

- la modélisation détaillée des processus de coopération mis en œuvre dans le cadre du développement de roulements pour l'aéronautique, la définition et l'estimation économique de différents scénarios coopératifs : rationalisation des spécifications, conception-concertation, conception participative, centralisation et partage de données, télé-diagnostic « autonome », télé-diagnostic « accompagné », télé-expertise, visio-conférence,

- la spécification fonctionnelle détaillée du système support,

- le test de certains scénarios en conditions réelles (conception participative, conception concertation, et visio-conférence)

- l'investissement de la SNFA dans les premiers éléments support (visio-conférence)

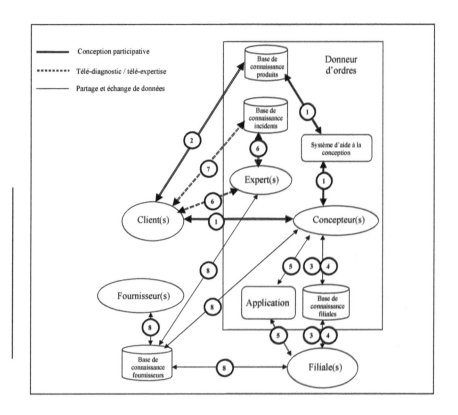

Figure 15. Architecture fonctionnelle du système d'information coopératif pour la conception concourante et la maintenance

V.1.3. Positionnement dans la communauté scientifique

Tout comme la problématique de l'évaluation des performances des systèmes de production, le pilotage et l'instrumentation des processus coopératifs est une question interdisciplinaire.

Un travail associant la productique, les sciences de gestion et la sociologie a été mené dans le cadre du programme PROSPER, visant à identifier les modes de coordination susceptibles de favoriser la coopération, et surtout à comprendre les relations entre coopération et modes d'organisation. Je pense que ce travail pourrait bénéficier de la formalisation et de l'instrumentation que constituent mes propositions, qui pourraient elles-mêmes être enrichies d'une réflexion beaucoup plus expérimentée provenant de spécialistes du domaine. J'ai eu plusieurs occasions d'échanger avec les auteurs de ce travail, mais je n'ai pu réellement à ce jour engager avec eux une collaboration sur ce sujet [SAR 02].

Dans le domaine de la productique, cette réflexion sur les interactions entre formes de coopération, modes de coordination et modes d'organisation est souvent à l'origine de méthodes et modèles pour le pilotage opérationnel, tactique, voire stratégique des systèmes de production [ADJ 02], [BUR 02] , [DUF 96], [IUN 03] , [MON 01], [TRE 03]… Mes propositions qui constituent une aide au diagnostic des situations favorables à une coopération performante, pourraient intervenir en amont de ces travaux qui répondent à la question de l'exploitation de ces situations.

De nombreuses activités font l'objet du développement de systèmes de traitement de l'information et de communication coopératifs (production, marketing, distribution, exploitation,…) et dans de nombreux domaines (industrie, médecine, construction, formation…). Je limiterai le positionnement de mes travaux sur ce sujet aux deux activités concernées par le projet CISCOD : la conception coopérative et la télémaintenance.

Mes travaux sont une fois de plus à rapprocher de ceux du GT IS3C (Ingénierie des systèmes de conception et conduite du cycle de vie produit), du pôle STP du GDR MACS. En effet, de nombreux travaux y sont exposés sur la gestion des connaissances dans le cadre de la conception coopérative, sujet rejoignant la question de la modélisation de produits traitée au chapitre 4. Ces travaux constituent des alternatives à mes propositions [ROS 04], [TOL 01], que j'aimerais discuter avec les membres de ce groupe si je n'étais pas déjà fortement impliqué dans le GT MACOD.

Je n'ai pas particulièrement intégré dans mon travail de spécification du système d'information coopératif pour la conception concourante, de considérations relatives à l'ergonomie cognitive. Les travaux menés dans ce domaine par les chercheurs de l'INRIA dans le cadre du projet Eiffel contribueraient à compenser ce manque par l'apport de spécifications relatives au rôle interactionnel de tels systèmes [EIF 02]. Mes travaux pourraient aussi être comparés et confrontés à ceux menés dans le secteur du bâtiment, dont il a été montré au sein de l'équipe « systèmes de production » du LAMIH qu'il pouvait être source d'inspiration et d'application de travaux dédiés à l'industrie [TAH 97], notamment au travaux du centre de recherche en architecture et en ingénierie basés aux aussi sur l'exploitation du concept d'activité [HAL 04].

Etant donnée la conviction que je me suis construite au cours de ces années de recherche, et que je présente dans le chapitre VI, j'ai eu l'occasion ces dernières années de côtoyer des équipes de recherche travaillant sur différents aspects de la télémaintenance, et notamment :

- la modélisation des processus coopératifs mis en œuvre dans le cadre de la télémaintenance à partir des réseaux de Petri [MIN 02], et des approches multi-agent [IUN 02]

- la modélisation dynamique des flux de données transitant au sein d'un système de télémaintenance [BHA 04],

- la modélisation des architectures fonctionnelles des systèmes de télémaintenance [RAS 04].

- Le développement de nouveaux capteurs et actionneurs « intelligents », implémentation du concept plus générique d'infotronic, et destiné à augmenter l'intéropérabilité entre systèmes artificiels, mais aussi entre systèmes artificiels et opérateurs humains dans l'activité de diagnostic et de maintenance [IUN 02], [LEE 04].

Les différents travaux sur la modélisation interviennent en amont des miens, puisqu'ils pourraient constituer des aides à la conception de solutions de télémaintenance pertinentes, efficientes et efficaces, que mes travaux sur la spécification contribueraient à intégrer dans une solution globale et cohérente.

Mes travaux sont délibérément orientés vers la coopération homme-homme et sur l'aide que fournissent des systèmes d'information à cette coopération. L'infotronic ayant pour vocation l'amélioration de la coopération machine-machine, et dans une certaine mesure, la coopération homme-machine, une extension de mes travaux pourrait être enrichie des recherches sur le domaine, ainsi que des recherches sur la coopération homme-machine notamment développées au LAMIH [MIL 95], [JOU 99].

V.2. Performances des propositions

Chacune de mes propositions n'a été appliquée qu'à un seul cas et dans de telles conditions il est bien difficile d'en déterminer les performances en tant que travail de recherche. Pour remédier à ce problème, je me suis joint au projet JEMSTIC-Jeunes chercheurs, financé par le CNRS et piloté par Damien Trentesaux, dont l'objectif est d'initier un nouvel axe de recherche sur la conception de systèmes coopératifs.

Ce projet est basé sur l'association de chercheurs des différentes constitutives du LAMIH, ayant travaillé sur différents aspects de la problématique de la coopération. Le premier résultat recherché est l'identification d'invariants relatifs aux mécanismes de coopération en suivant une double démarche ascendante/descendante [TRE 03] :

- expliciter, dans le domaine de la coopération, les différentes expériences industrielles vécues par des chercheurs du LAMIH, puis analyser les situations de coopération pour chacune de ces expériences,

- analyser les principales définitions et concepts relatifs au domaine de la coopération émanant du monde de la recherche, nationale et internationale,

- déduire des deux points précédents un ensemble minimal et suffisant de concepts pour l'élaboration de modèles formels d'entités coopérantes,

- élaborer un prototype de simulation afin de valider ces modèles, de définir des indicateurs de performances puis d'identifier les invariants recherchés pour différents types de scenarii préalablement définis.

Le principal résultat obtenu dans le cadre de ce projet porte sur la structuration et le positionnement des connaissances : un cadre conceptuel « robuste » de la coopération aura été proposé. Ce cadre, défini et accepté de manière consensuelle par les différents acteurs du projet, a été validé au travers de l'analyse de plusieurs cas industriels et académiques. Ce cadre conceptuel sera, en retour, repris et adapté par ces acteurs en leur offrant un positionnement de leur propre activité de recherche par rapport à ce cadre.

Mes propositions théoriques sur l'évaluation des effets de la coopération sur la performance globale, et plus pratiques sur l'appréciation des contextes favorables, ont été soumises et discutées à l'occasion de plusieurs réunions de travail et journées plénières du programme PROSPER. Ces éléments ont été jugés suffisamment pertinents par les chercheurs et représentants des plus hautes instances évaluatrices présentes lors de la journée plénière PROSPER du 7 Juin 2000 [CAM 00], pour faire l'objet d'un chapitre de l'ouvrage collectif résultant de ce programme [CAM 02].

L'entreprise S.N.F.A., nous ayant demandé le travail sur le système d'information coopératif, utilise aujourd'hui quotidiennement les parties du système qui avaient pu être mis en œuvre au moment de l'arrêt du projet, provoqué par le rachat de la société par un groupe international. Il me semble que ce fait constitue un indicateur qualitatif de l'efficience et de l'efficacité des propositions.

Enfin, notamment sur la base de ce travail, nous avons été récemment contactés par plusieurs sociétés désirant développer des systèmes d'information coopératifs pour la télémaintenance et le soutien logistique (EADS, Ligeron S.A., Technilog, DGA, DCN).

VI. Analyse et conclusions personnelles

Ces travaux de recherche que j'ai moi-même réalisés ou que j'ai encadrés m'ont permis de prendre conscience :

- de l'ampleur de la problématique du pilotage des systèmes de production vers la performance globale,

- de la complexité des solutions à mettre en œuvre pour répondre totalement à cette problématique,

- de la difficulté à évaluer la performance globale de ces réponses si l'on veut leur appliquer les principes qu'elles défendent, en évaluant notamment leur pertinence, leur efficience et leur efficacité

Ils m'ont aussi permis de constater qu'une thèse de doctorat ou un projet ne suffit pas pour répondre exhaustivement aux éléments constitutifs de cette problématique qui pour la plupart posent des problèmes :

- de modélisations diverses : systèmes de production, produit, risque, ...

- de capitalisation des connaissances,

- d'organisation,

- d'instrumentation

Les sujets précisément abordés étant tous issus d'une demande industrielle particulière et contextuelle, je me suis efforcé d'apporter aux réponses fournies la généricité et la cohérence méthodologique que doit avoir tout travail de recherche. Si je peux me déclarer satisfait de cette cohérence, mon grand regret est de n'avoir pas pu mener sur un thème précis un travail exhaustif, ni mettre en œuvre les moyens nécessaires à une véritable évaluation de la performance de ce travail.

Tout en suivant ce parcours initiatique de la recherche sur le pilotage des systèmes de production vers la performance globale, j'ai réalisé de nombreux enseignements et j'ai eu de nombreuses discussions avec des industriels sur le thème de la maintenance.

Ces deux processus ont naturellement interagit et m'ont amené à procéder à une analyse des effets de la maintenance sur la performance globale [SEN 04].

La maintenance est définie par la Norme AFNOR X 60-010 comme étant « l'ensemble des actions permettant de maintenir ou de rétablir un bien dans un état spécifié ou en mesure d'assurer un service déterminé ».

Les actions de maintenance sont bien sûr des interventions techniques (dépannages, réparations, améliorations...), mais aussi des actions de conception (d'outillages, de plans de maintenance, de stratégies...), et de gestion (gestion de stocks, estimations de coûts directs et indirects de maintenance, gestion de compétences...). Chacune de ces actions comporte une part de prise de décision et nécessite un certain niveau de coopération (sous-traitance, coopération avec l'exploitant du système maintenu, l'acheteur, le concepteur...).

En reprenant la typologie des processus génériques présentée au début de ce mémoire dans le tableau 1, je pense que l'on considère trop souvent que la seule vocation de la maintenance est d'agir sur la variable « temps » des flux de matière et d'énergie constitutifs des systèmes de production (maintien dans le temps des caractéristiques de sûreté de fonctionnement des équipements). Or l'apport de valeur de la maintenance réside également dans ses effets sur les variables espace et forme des flux d'information et de décision, les produits des processus de maintenance sont par conséquent matériels et immatériels.

D'autre part, je considère que ces actions présentent la caractéristique commune d'être de nature « organisatrice », au sens systémique du terme [BEV 95]. Elles visent toutes en effet à ce que le bien maintenu conserve (maintenance préventive) ou recouvre (maintenance corrective) l'état et la stabilité structurelle nécessaires à un certain niveau de valeur qui justifie son existence.

La *précision* du système de production est bien sûr la caractéristique la plus directement liée aux performances de la maintenance des équipements, de par la fiabilité opérationnelle qu'elle procure, c'est à dire l'aptitude de l'équipement à assurer les fonctions pour lesquelles il est utilisé.

La *rapidité* d'un système de production dépend plus globalement de la disponibilité des équipements qui le composent. Cette disponibilité a été recherchée par différents moyens au cours de l'évolution des systèmes de production :

- par la réactivité et la rapidité des interventions correctives, ainsi que la durabilité de leurs résultats, tout en subissant les processus de défaillance des équipements,

- par la pertinence de la fréquence et du contenu des interventions préventives systématiques, sensées garantir un certain niveau de fiabilité, mais sans influence sur la maintenabilité des équipements,

- enfin par la réactivité des interventions préventives conditionnelles, dépendant de la détectabilité des défaillances, et mieux de leur prédictibilité.

Enfin depuis toujours, la recherche de l'équilibre entre robustesse et stabilité des systèmes de production entretient le dilemme suivant, auquel les industriels sont confrontés :

- privilégier les objectifs à court terme en favorisant les économies (opter pour une maintenance corrective, pour l'achat d'équipements ne nécessitant pas de maintenance et à durée de vie très courte...),

ou

- privilégier le long terme en favorisant des investissements dont l'amortissement est toujours incertain (investir dans de nouveaux équipements à la pointe de la technologie, des équipements plus chers que d'autres mais aux durées de vie plus longues, embaucher, mettre en œuvre des plans de maintenance préventive, des plans de formation...).

Ce dilemme est dû à l'incertitude qui règne sur l'évolution de l'état des équipements, incertitude pouvant être levée par le développement de méthodes de maintenance proactive.

Mais pour contribuer à l'obtention de ces caractéristiques des systèmes de production, la maintenance est confrontée à quelques obstacles :

- son *efficience* dépend fortement de la maintenabilité intrinsèque des équipements et de la capitalisation des connaissances aujourd'hui insuffisante et menacée par les phénomènes d'externalisation,

- son *efficacité* souffre de la mauvaise maîtrise des états instables dans lesquels se trouvent des équipements défaillants, faute de connaissance des lois de comportement associées,

- sa *pertinence* est souvent mise en doute par la non résolution de nombreux conflits entre mainteneurs et autres utilisateurs des systèmes de production, la plupart du temps par méconnaissance des interactions entre performance locale en maintenance et performance globale du système de production.

Ces faiblesses sont d'autant plus critiques que les systèmes de production évoluent en technicité, en complexité, et dans leur répartition géographique.

Sur la base de ces constats, il me semble que les connaissances et compétences scientifiques que j'ai pu acquérir jusqu'à présent, pourraient tout à fait être exploitées dans des recherches consacrées à la maintenance. Je souhaiterais donc, mettre à profit mon statut d'habilité à diriger la recherche pour développer et piloter une activité collective de recherche sur le thème précis de la *pertinence et de la cohérence des systèmes de pilotage de la maintenance vers la performance globale des systèmes de production.*

Le lecteur trouvera dans la partie « Projet pédagogique et de recherche » la description des différentes parties de ce projet.

VII. Bibliographie

[ADJ 02] ADJALLAH K. H., ADZAKPA K.P., IVANOV A., VARNIER C., ZERHOUNI N., *Approach to Remote Maintenance Management of Distributed Industrial Complexes*, Managing Innovative Manufacturing Conference 2002 - "e-Manufacturing and e-Business Integration", 9-11 Septembre 2002, Milwaukee, WI, USA

[AFA 98] AFAV: Association Française de l'Analyse de la Valeur, *Exprimer le besoin - Contributions de la démarche fonctionnelle*, AFNOR, ISBN : 2-12-476921-9, 1998.

[AIC 90] *AICOSCOP – Rapport Final.* – contrat de Recherche MRT FRT N°88.00661, 1990.

[ALA 88] ALANCHE P., *Automatiser l'automatisation*, Revue d'Automatique et de Productique Appliqués, Vol. 1, n°2, pp 7-14, 1988.

[ALB 97] ALBAN D., *Management du système d'information et politiques relationnelles d'organisation réticulaire*, Cahier de recherche 1997.01, IAE de Paris, GREGOR

[ALE 95] : ALEXIS J., *Pratique industrielle de la méthode Taguchi : les plans d'expériences*, Paris : Association française de normalisation, 1995.

[ALT 99] ALTSHULLER G. *TRIZ The innovation algorithm ; systematic innovation and technical creativity*, Traduit par Lev Shulyak et Steven Rodman, Technical Innovation Center Inc., Worcester, MA, 1999.

[AMP 43] AMPERE A.M., *Essai sur la philosophie des sciences ou exposition analytique d'une classification naturelle de toutes les connaissances humaines*, t.2, Bachelier, 1843.

[AVE 84] AVENIER M.J., *Pilotage de l'entreprise et environnement complexe, une aide à la conception d'un pilotage plus effectif*, Thèse de doctorat d'Etat ès-Sciences Economiques, Université de Droit, d'Economie des Sciences d'Aix-Marseille, Juillet 1984, cité dans [BER 97].

[BAR 38] BARNARD C.J., *The function of the executive*, Cambridge, Harvard Univ.Press, 1938

[BAY 00] BAYNAT B. *Théorie des files d'attente : des chaînes de Markov aux réseaux à forme produit*. Editions HERMES 2000.

[BEL 90]. BELLUT S., *La compétitivité par la maîtrise des coûts, conception à coût objectif et analyse de la valeur*. Afnor Gestion 1990.

[BEL 97] BELLON B., *Innover ou disparaître*, Ed. Economica. 1994.

[BER 68] BERTALANFFY L. *General System Theory*, George Braziller, 1968.

[BER 86] BERLINER C., BRIMSON J. A., *Cost management for today's advanced manufacturing ; the CAM-I conceptual design.*, HBS Press, Boston, 1986

[BER 97] BERRAH L. *Une approche d'évaluation de la performance industrielle, Modèle d'indicateur et techniques floues pour un pilotage réactif*, Thèse de Doctorat de l'Institut National Polytechnique de Grenoble, Septembre 1997.

[BES 03] BESOMBES, B., SENECHAL, O., BURLAT, P. *Evaluation de performance et proximité*. Chapitre 5 de l'ouvrage collectif GRP « Evaluation des performances des systèmes de Production », coordonné par C. Tahon, Traité IC2 Hermès Paris, Mars 2003, (pp. 107-120).

[BES 94] BESCOS P.L., MENDOZA C., *Le management de la performance*, Editions comptables Malesherbes, Paris 1994.

[BES 95] BESCOS P.L., DOBLER P., MENDOZA C., NAULLEAU G., *Contrôle de gestion et Management*, Editions Montchrestien, Collection Entreprendre, Guide des techniques et de la décision, Paris 1995.

[BEV 95] BEVIN J.M., *Généralités sur les systèmes*, premier chapitre de l'ouvrage collectif « La modélisation systémique en entreprise », coordonné par C. Braesch et A. Haurat, Hermes Paris 1995.

[BHA 04] BHASKAR V., ADJALLAH K. H., *Modelling scheduled dataflow architecture in e-diagnosis networks : an open queuing network model approach*, Intelligent Maintenance Systems, Arles, Juillet 2004.

[BIT 90] BITTON M. *ECOGRAI: Méthode de conception et d'implantation de systèmes de mesure de performances pour organisations industrielles*, Thèse de Doctorat, Université de Bordeaux 1, 13 Septembre 1990.

[BOU 02] BOUJU J-F., CAVAILLE J-B., JEANTET A, *Instrumentation de la coopération*, Chapitre 5 de l'ouvrage collectif PROSPER « Coopération et connaissance dans les systèmes industriels. Une approche interdisciplinaires », coordonné par R. Soënen et J. Perrin, Hermès 2002, ISBN 2-7462-0528-9.

[BOU 95] BOURGUIGNON A., *Peut-on définir la performance ?* Revue Française de comptabilité, Juillet- août 1995

[BOU 98] BOUDY, D. *Proposition d'une approche en spirale de développement des systèmes à base de connaissances : application au développement d'un système d'aide à la conception de roulements.* Thèse, Université de Valenciennes et du Hainaut-Cambrésis, Valenciennes (1998).

[BRO 88] BRODIER P.-L., *Une nouvelle approche de la gestion: la V.A.D.* AFNOR 1988

[BRO 93] BROUSTAIL J. et FRERY F. *Le management stratégique de l'innovation,* Ed. Dalloz, coll. Précis de gestion, 1993.

[BUR 02] BURLAT P., PEILLON S., *Skills networks and local dynamics in Global Competition and Local Networks,* directed by Rod B. McNaughton and Milford B. Green, Ashgate Publishing Limited. pp. 133-149. 2002.

[BUR 03] BURLAT, P., MARCON, E., SENECHAL, 0., DUPAS R., BERRAH L. *Démarches d'évaluation et de pilotage de la performance.* Chapitre 3 de l'ouvrage collectif GRP « Evaluation des performances des systèmes de Production », coordonné par C. Tahon, Traité IC2 Hermès Paris, Mars 2003, (pp. 49-77)

[BUY 97] BÜYÜKÖZKAN G., MAIRE J.L., *Amélioration de la performance avec un processus de benchmar*king, Deuxième Congrès International Franco-Québécois de Génie Industriel, Albi 1997.

[CAM 00] CAMPAGNE J ;P., SENECHAL O., *La coopération : motivation, apports et éléments d'évaluation,* Journée du programme CNRS PROSPER « Gestion des connaissances, coopération, méthodologies de recherche interdisciplinaires »,Toulouse, 7 et 8 Juin 2000.

[CAM 02] CAMPAGNE J-P., SENECHAL O., *Les nouvelles exigences de coopération,* Chapitre 1 de l'ouvrage collectif PROSPER « Coopération et connaissance dans les systèmes industriels. Une approche interdisciplinaires », coordonné par R. Soënen et J. Perrin, Hermès 2002, ISBN 2-7462-0528-9.

[CHA 02] CHÂTELET E., BÉRENGUERAND C., JELLOULI O., *Performance assessment of complex maintenance policies using stochastic Petri nets.* Lambda Mu13 Lyon ESREL 2002, pp 532-537.

[CIS 02] *CISCOD : A cooperative Information System for Cooperative Design,* projet TRANSTECH: Transport Technology Product & Process Innovation Management, a successful experiment, Presses Universitaires de Valenciennes, ISBN 2-905725-31-1, Septembre 2002.

[CIV 99] CIVILISE J., *S'organiser pour mieux innover,* R&D, Le magazine de la recherche et du développement de Renault, , Octobre 1999.

[COO 91] COOPER R., KAPLAN R.S., *The design of Cost Management Systems*. Robert KAPLAN Consulting Editor, Edition Prentice Hall, 1991.

[COU 96] COURTOT H., *La prise en compte des risques dans la gestion de management d'un projet*, Thèse de l'Université de Paris 1, IAE, Septembre 1996.

[CRO 77] CROZIER M., FRIEDBERG E., *L'acteur et le système*, Paris, Seuil 1977.

[DEN 00] DENEUX D., SENECHAL O., TOMALA F. & LAWSON M., *Towards a methodology for estimating the global impacts of innovative design scenarii*. Proc. of 4th IFIP WG5.2 Workshop on Knowledge Intensive CAD (KIC-4). Parma, Italy. May 2000.

[DEN 02a] DENEUX D. *Méthodes et modèles pour la conception concourante*, Habilitation à Diriger des Recherches, Université de Valenciennes, 2002.

[DEN 02b] DENEUX D., LERCH C., EUZENAT J., BARTHES J.P., *Pluralité des connaissances dans les systèmes industriels*, Chapitre 4 de l'ouvrage collectif PROSPER « Coopération et connaissance dans les systèmes industriels. Une approche interdisciplinaires », coordonné par R. Soënen et J. Perrin, Hermès 2002, ISBN 2-7462-0528-9.

[DES 92] DESFRAY P. *Ingénierie des objets. Approche classe-relation. Application à C++* , Edition Masson Paris, 1992.

[DIM 96] DI MASCOLO M., *Sur l'évaluation de performances et le pilotage des systèmes de production*, Mémoire d'habilitation à diriger la recherche de l'Institut Polytechnique de Grenoble, 1996.

[DIN 81] DINDELEUX D., *Technique de la régulation industrielle*, ed. Eyrolles, 1981, Paris

[DOU 95] DOUMEINGTS G., VALLESPIR. B., CHEN. D. – *Methodologies for designing CIM systems - A survey.* – in Computers in Industry, Special issue on CIM in the extended enterprise, vol. 25, n° 3, Amsterdam : Elsevier, 1995.

[DOU 98] DOUMEINGTS G., VALLESPIR B., CHEN D., *GRAI Grid Decisional Modelling*, In handbook on Architecture of Information Systems, Edited by P. Bernus, K. Mertins, G. Schmith, International Handbook on Information Systems – Springer Verlag- 1998.

[DUC 99] DUCHAMP R., *Méthodes de conception des produits nouveaux*, Hermes Paris, 1999.

[DUC 99]. DUCQ Y., *Contribution à une méthodologie d'analyse de la cohérence des systèmes de production dans le cadre du modèle GRAI*, Thèse de doctorat de l'Université de Bordeaux I, février 1999.

[DUF 96] DUFFIE N.A., PRABHU V., *Heterarchical control of highly distributed manufacturing systems*, International Journal of Computer Integrated Manufacturing, vol. 9, n°4, 1996, pp 270-281.

[DUL 90] DULBECCO P., *La coopération industrielle en analyse économique : quelques éléments de repère bibliographique*, Revue d'Economie Industrielle, n\xa 51, 1990.

[DUP 99] DUPOUY P, GIRARD P., EYNARD B., MERLE C., *Proposition pour un système d'évaluation de la performance technico-économique en ingénierie des produits*, 3ème congrés international de génie industriel, Montréal, Québec, Mai 1999.

[ECO 99] *Pilotage et évaluation des processus de conception*, ouvrage collectif ECOSIP (ECOnomie des Systèmes Intégrés de Production) coordonné par J. Perrin, Collection Economiques, éditions L'Harmattan Paris, mars 1999.

[EIF 02] INRIA, *Projet Eiffel : Cognition et Coopération en Conception*, Rapport d'activité de l'INRIA 2002.

[ELM 97] EL MHAMEDI A., LEERCH C., MARIER S., SONNTAG M. et VERNADAT F., *Intégration des ACtivités NOn Structurées dans la Modélisation des Systèmes de Production*. Rapport Final, Action Incitative du DSPT8 en Productique, février 1997.

[ESC 99] ESCHENBÄCHER J., COCQUEBERT E., *Managing extended enterprise manufacturing networks by using the electronic assistant (GENCMM)*. IMS'99, Leuwen , Belgium, Sept 99, pp 393-403.

[FEL 89] FELLER A. & RUCKER R. : *Extending Structured Analysis Modelling with A.I. : An Application to MRPII Profiles and SFC Data Communications Requirements Specifications*. IFIPS Conference Paper, November 1989.

[FEM 97] FEature Modelling EXpert Working Group I, *Feature Definition and Classification*, FhG-IGD-University of Darmstadt, (FRG). Version 29/03/97.

[FER 91] FERNEZ-WALCH S., *L'innovation de produit au quotidien en entreprise industrielle*, Thèse de docteur en économie industrielle à l'Ecole des Mines de Paris, 1991.

[FOR 80] FORRESTER J.W. *Principes des systèmes*, MIT Press, Cambridge, Massachusetts, 1961, traduit par P. Sylvestre-Baron, Presse universitaire de Lyon, 1980.

[FOR 95] FORAY D., LUNDVALL B., , OCDE Conference : Employement *The knowledge-based economy : from the economics of knowledge to the learning economy* and growth in the knowledge-based economy, Copenhague, 1994, pp 11-32.

[FOR 97] FOREST J., MICAËLLI J.P., PERRIN J., *Innovation et conception : pourquoi une approche en terme de processus?* Deuxième congrès International Franco-Québécois de Génie Industriel, Albi 1997.

[FRE 98] FREIN Y., *Evaluation de performances pour la conception de flux,* Université d'été du Pôle Productique Rhône Alpes, 1998.

[FUR 00] FURON S., *Contribution a la mise en oeuvre du soutien logistique : éléments méthodologiques pour une conception fondée sur un modèle de produit global,* Thèse de doctorat de l'Université de Valenciennes, Décembre 2000.

[GAI 99] GAILLARD J.M., *Processus d'innovation, gestion de projet et marketing : quelles complémentarités dans la recherche et développement ?,* 3e congrès international de génie industriel, Montréal, Québec, Mai 1999 pp 1749- 1758.

[GAU 00] GAUTIER F., GIARD V., *Vers une meilleure maîtrise des coûts engagés sur le cycle de vie, lors de la conception de produits nouveaux,* Cahier de recherche 2000.01, IAE de Paris, GREGOR

[GEN 98] GENELOT D., *Manager dans la complexité,* INSEP Editions, Paris, 1998.

[GIA 88] GIARD V. *Gestion de la production.* Economica Paris, Novembre 1988.

[GID 00] GIDEL T., GAUTIER R., CHRISTOFOL H., *La maîtrise des risques dans les projets innovants par la conduite effective du processus décisionnel,* 12è Colloque National de Sûreté de Fonctionnement, λμ 12, Montpellier, 28-30 Mars 2000, pp 481-489.

[GIR 99] GIRARD P. *Etude de la conduite de la conception des produits manufacturés, contribution à l'ingénierie des systèmes de conception.* Thèse de Doctorat de l'Université Bordeaux 1, Spécialité Productique, 3 février 1999.

[GOR 86] GORMAND C. *Le coût global (Life cycle cost), pour investir plus rationnellement.* AFNOR 1986.

[GRU 99] GRUDZIEN L., *Contribution à l'intégration de la sûreté de fonctionnement au sein d'une démarche de conception multimétiers,* Thèse de Doctorat, Université de Valenciennes et du Hainaut-Cambrésis, Valenciennes, France, 7 janvier 1999.

[GUI 90] GUILLEVIC C., DE TERSSAC G, *Gestion collective de la fiabilité : résolution de problèmes en groupes et régulations sociales,* Symposium sur la Psychologie du travail et les Nouvelles Technologies, Liège, Belgique, 1990

[HAG 87] HAGE J. *Reflection of new technology and organizational change* in J.M.Pennings et A.Buitendam (ed.), New technology as organizational innovation, Ballinger, Cambridge.

[HAL 04] HALIN G., HANSER D., BIGNON J.C., *User Adaptative Visualization of Cooperative Architectural Design*, International Journal of architectural Computing, Issue 01, Vol. 2, pp 89-107, mars 2004.

[IMT 00] *Enterprise modeling and simulation functions. – in Modeling and simulation roadmap*, IMTI, Oak Ridge, USA, 24 juillet 2000.

[IUN 02] IUNG B., *Contribution à l'automatisation des systèmes intelligents de production: interopérabilité des processus de contrôle, maintenance et gestion technique*, Habilitation à diriger des recherches de l'Université Henri Poincaré- Nancy, 17 Décembre 2002.

[JAC 90] JACOT J. H., *A propos de l'évaluation économique des systèmes intégrés de production* , dans Ecosip, Gestion Industrielle et Mesure Economique, Economica, Paris, 1990.

[JAC 96] JACOT J.H., MICAELLI J.P. *La performance économique en entreprise*. Editions Hermès, 1996.

[JAC 98] JACQUET L., *Contribution à l'élaboration d'une démarche de spécification fonctionnelle*, Thèse de Doctorat, Université de Valenciennes, France, 1998.

[JOU 99]. JOUGLET D, *Coopération homme-machine pour le diagnostic technique, application aux dérangements téléphonique*s, Thèse de Doctorat de l'Université de Valenciennes, Janvier 1999.

[KLI 86] KLINE S., ROSENBERG N., *An overview of innovation*, Landau R., Rosenberg N. (eds), The positive Sum Strategy, National Academy Press, Washington 1986.

[KOR 00] KORBAA O. et GENTINA J.-C, *Etude et Optimisation des Régimes Transitoires pour une production cyclique*, Journal Européen des Systèmes Automatisés, Hermes Science, n°10, pp.1233-1252, 2000.

[LAI 98] LAIGLE L., Cooperative *Buyer-Supplier relations in product development projects in car industry*, Congrés FISITA 1998.

[LEB 94] LEBAS M., *Du coût de revient au management par les activités*, Revue Française de Comptabilité n° 258-Juillet Août 1994

[LEM 94] LEMOIGNE J.L., *La théorie du système général– théorie de la modélisation*, éd. Presses Universitaires de France, 4ème éd., 1994.

[LEN 93] LENCLUD T, *Contribution à la conception d'un système intégré de simulation des systèmes de production*, Thèse de Doctorat, LGIL, Université de Valenciennes, Novembre 1993.

[LEO 97] LEONARD-BARTON D., *Wellsprings of knowledge : building and sustaining the source of innovation*, Boston 1997, p 334

[LIB 95] LIBERATONE M. et STYLIANOU A.C., *Expert support systems for new product development decision making : A modeling framework and applications*, Management Science, vol 41, 126-1316, 1995.

[LON 95].LONGCHAMP R, *Commande Numérique des systèmes dynamiques*, Presses polytechniques et Universitaires Romandes, 1995.

[LOR 97] LORINO P., *Méthodes et pratiques de la performance, le guide du pilotage*, Les éditions d'organisation, Paris 1997.

[MAR 03] MARCON E., SENECHAL O., BURLAT P., *Concepts pour l'évaluation des performances des systèmes de production*, Chapitre 1 de l'ouvrage collectif GRP « Evaluation des performances des systèmes de Production », coordonné par C. Tahon, Traité IC2 Hermès Paris, Mars 2003, (pp 29-47).

[MAR 94] MARTY C., *Concurrent Engineering and Economic Effects of Design Decisions*, Congrès ISME 94: Colloque européen sur l'ingénierie des systèmes de production intégrés, 12-14 Décembre 1994, Grenoble France.

[MAT 02] MATHIEU S. *Comprendre les normes ISO 9000 version 2000*, Afnor 2002

[MEL 90] MELESE J., *Approches systémiques des organisations, vers l'entreprise à complexité humaine*, Les éditions d'organisation, Paris, 1990.

[MEV 91] MEVELLEC P., *Outils de gestion. La pertinence retrouvée.* Editions Comptables Malesherbes, Paris 1991.

[MEV 99] MEVELLEC P. dans : *Rapport d'activité du projet METACOG « Méthodologie d'Aide à la Conception pour un Coût Objectif Global »*, Programme CNRS PROSPER « Systèmes de Production, Stratégie, Conception, Gestion », LAMIH, Valenciennes 1999.

[MID 93] MIDLER C., *L'auto qui n'existait pas*, InterEditions, Paris, 1993.

[MIL 95] MILLOT P. *La coopération homme-machine dans la supervision, les enjeux, les méthodologies, les problèmes*, Séminaire supervision et coopération Homme/Machine, Paris 1995.

[MIN 02] MINCA E., RACOCEANU D., ZERHOUNI N., *Monitoring Systems Modeling and Analysis Using Fuzzy Petri Nets*, Studies in Informatics and Control Journal, Institut national pour la recherche et le Développement en Informatique, Académie roumaine des sciences, vol. 11, n°4, décembre 2002, Bucarest, Roumanie.

[MIN 79] MINTZBERG H., *The structuring of Organiz*ation, Prentice Hall, Inc., 1979, (traduction française : Structure et dynamique des organisations, Ed d'Organisation, Paris 1982).

[MOD 94] *MODSIM II, The langage for Object-Oriented Programming, Reference Manual, Vers. 1.9.11.*, CACI Products Company, 1994.

[MON 01] MONTEIRO T., LADET P., *Formalisation de la coopération dans le pilotage distribué des flux interentreprises*, JESA, vol. 35, n° 7-8, 2001, pp 963-990.

[MSG 01] *Maintenance Program Development Document MSG-3*, Maintenance Steering Group – 3 Task Force, Air Transport Association (ATA) of America, 2001.

[MUL 95] MULKENS H., De *la vision interne à l'ouverture*, cinquième chapitre de l'ouvrage collectif « La modélisation systémique en entreprise », coordonné par C. Braesch et A. Haurat, Hermes Paris 1995.

[NOY 01] NOYES D., GOURIVEAU R., *Métriques d'expertise des risques industriels*, 4ème Congrès International de Génie Industriel, Aix en Provence, Marseille, 12-15 juin 2001

[NRC 98] NRC – *Visionary manufacturing challenges for 2020.* – Washington : National Academy Press, 1998.

[PAU 92] PAULRE B., *Entreprises- Système, l'entreprise est-elle vraiment un système ?*, Systémique, Théorie et Application, Technique et Documentation, Lavoisier, Paris, 1992.

[PEL 99] PELLEGRIN C., *Des représentations à l'évaluation dans le pilotage de l'innovation - produit*, in ouvrage collectif ECOSIP : Pilotage et évaluation des processus de conception, Sous la direction de Jacques PERRIN, éditions l'Harmattan Paris, 1999.

[PEN 94]. PENALVA, J.M *Sagace : la modélisation des systèmes dont la maîtrise est complexe*, Rapport interne du Laboratoire d'Informatique Appliquées, Commissariat à l'Energie Atomique, Marcoule, 1994.

[PER 02] PERRIN J. *Objectifs et méthodologies d'une recherche interdisciplinaire*, Chapitre 7 de l'ouvrage collectif PROSPER « Coopération et connaissance dans les systèmes industriels. Une approche interdisciplinaires », coordonné par R. Soënen et J. Perrin, Hermès 2002, ISBN 2-7462-0528-9.

[PET 03] PETIOT J.-F., YANNOU B., *How to Comprehend and Assess Product Semantics - A Proposal for an Integrated Methodology*. in International Conference on Engineering Design: ICED'03, 19-21 August 2003, Stockholm, Sweden.

[POL 02] POLET, P. *Modélisation des franchissements de barrières pour l'analyse des risques des systèmes homme-machine*. Thèse, Décembre 2002, Univeristé de Valenciennes, Valenciennes, France.

[POM 97] POMEROL J.C. *Artificial Intelligence and human decision making*, EJOR n°99, 1997, pp 3-25.

[POR 86] PORTER M., *L'avantage concurrentiel.* inter Editions, Paris 1986.

[PRO 02] ouvrage collectif PROSPER, *Coopération et connaissance dans les systèmes industriels. Une approche interdisciplinaires* , coordonné par R. Soënen et J. Perrin, Hermès 2002, ISBN 2-7462-0528-9..

[PRO 95] PROBST G, BÜCHEL B., *La pratique de l'entreprise apprenante*, Les éditions d'organisation, Paris 1995.

[PRO 99] *Rapport d'activité du projet METACOG : METhodologie pour l'Aide à la Conception pour un Coût Objectif Global*, Prosper: PROGRAMME SYSTEMES DE PRODUCTION, Stratégie, Conception, Gestion, , 1999.

[RAS 04] RASOVSKA I., ZERHOUNI N., *Structural model of telemaintenance system*, Intelligent Maintenance Systems, Arles, Juillet 2004.

[RAS 91] RASMUSSEN J, *Modelling distributed decision making, Human-computer interaction and complex systems* – G.R.S. Weir, J.L. Alty (eds) (London Academic Press), pp. 111-142

[RAV 97a] RAVIART D., SENECHAL O., TAHON C. *Proposition of a methodology for a physico-economic product evaluation, starting at the design phase, and based on a double modelling of the firm, Manufacturing systems*, Modelling Management and Control, IFAC, February 3-5, 1997, Vienna, AUSTRIA publié dans Manufacturing Systems: Modelling, Management and Control Elsevier sciences, juin 1997.

[RAV 97d] RAVIART D., TAHON C., *Méthodologie d'évaluation de projets dès la conception*, 13 Convention de Management de projet, 14 et 15 Octobre, Paris, 1997.

[RAV 97e] RAVIART D., TAHON C., *Intégration de l'aide multicritère dans un processus d'évaluation des performances physiques et économiques de l'entreprise*, Actes de la 46 éme journées du Groupe de Travail Européen "Aide Multicritère à la décision", le 23 et 24 Octobre 1997 à Bastia.

[RAV 98a] RAVIART D., VÉRON V., TAHON C, *Utilisation of activities approach in order to drive and evaluate the firm performance*, Symposiun INCOM'98 (IFAC, AFCET), 24 et 26 juin 1998 Nancy et Metz.

[RAV 98b] RAVIART D., SENECHAL O., TAHON C., *Methodology for a physico-economic product evaluation, starting in the design phase*, Control Engineering practices, Volume 6, Issue 4, Elsevier 1998, pp 489-498.

93

[RAV 99] RAVIART D. *Proposition d'une méthodologie d'aide à l'évaluation des performances physico-économiques des systèmes de production*, Thèse de doctorat de l'Université de Valenciennes, LAMIH LGIL, Février 1999,

[REN 99] RENAUD J., BOLY V., GUIDAT C., *Etude de la pérennisation du processus d'innovation en entreprise*, 3ème congrès international de génie industriel, Montréal, Québec, Mai 1999, pp 1673-1681.

[ROS 04] ROSE B., GZARA L. LOMBARD M., *Towards a formalization of collaboration entities to manage conflicts appearing in cooperative product design* , chapitre dans le livre "Methods and Tools for Cooperative and Integrated Design" édité par Serge Tichkiewitch et Daniel Brissaud, et publié par Kluwer Academic Publishers. pp. 475-486. ISBN 1-4020-1889-4. January 2004.

[ROS 77] ROSS, D.T., *Structured Analysis (SA): A language for communicating ideas*, IEEE Trans. On Software Engineering, SE-3, 6-15

[ROY 93] ROY B. *Aide multicritère à la décision , méthodes et cas*, Economica, Paris 1993.

[RYS 98] RYS, A., VANEECLOO N., *Econométrie : théorie et application*, Paris, Nathan, 1998.

[SAR 02] SARDAS J-C., ERSCHLER J., DE TERSAC G, *Coopération et organisation de l'action collective*, Chapitre 4 de l'ouvrage collectif PROSPER « Coopération et connaissance dans les systèmes industriels. Une approche interdisciplinaires», coordonné par R. Soënen et J. Perrin, Hermès 2002, ISBN 2-7462-0528-9.

[SAR 97] SARBACKER S.D., ISHII K ., *A framework for evaluating risk in innovative product development*, Proceeding of the ASME DETC 97, 14-17 September 1997.

[SCH 91] SCHMIDT K., *Cooperative work: a conceptual framework, Distributed Decision Making*, Cognitive models for cooperative work, Editeurs : J. Rasmussen, B. Brehmer, J. Leplat, pp. 75-110, New York, Chichester: Wiley, 1991.

[SCH 94] SCHEER A. W. *Business process engineering: reference models for industrial enterprises. –* Berlin : Springer 1994.

[SCH 99] SCHÖGGL, P., *Real time simulation of driver feeling in the vehicle development process : shorter development time and improved vehicule quality,* Revue de la Société des Ingénieurs de l'automobile, Avril 1999 (n°728) pp52 –59.

[SEN 00a] SENECHAL O., *Modes de coopération dans un projet de conception à caractère innovant*, Journée du programme CNRS PROSPER « Coopération dans les systèmes de production », Paris, 17 Février 2000.

[SEN 03a] SENECHAL, O, GIRARD P., TOMALA F., TRENTESAUX, D. (2003). *Le cycle de vie du système de production* Chapitre 4 de l'ouvrage collectif GRP « Evaluation des performances des systèmes de Production », coordonné par C. Tahon, Traité IC2 Hermès Paris, Mars 2003, (pp. 81-104)

[SEN 04] SENECHAL, O, LEGER J-B., *Tele-Maintenance and Collaborative Maintenance for Improvement of Performances in TPM and RCM*, 7th IFAC Symposium on Cost Oriented Automation, Gatineau/Ottawa, Canada, June 7 - 9, 2004.

[SEN 94] SENECHAL O., LENCLUD T., TAHON C., *Production costs identification using value engineering and simulation in a concurrent engineering process.* IFIP international conference "Feature modelling and recognition in advanced CAD/CAM systems", May 1994.

[SEN 96b] SENECHAL O., TAHON C., *Proposition d'une approche de modélisation pour l'estimation du coût de production dès la conception du produit* XVIIème Congrés AFC (Association Française de Comptabilité) "Comptabilité et développement", 30-31 mai et 1er Juin 1996, Valenciennes, pp 749-765.

[SEN 98b] SENECHAL O., RAVIART D, TAHON C., *Simulation de la production pour l'évaluation des performances en conception ; une étude de cas.*, Session invitée de l'Université d'été du pôle Productique Rhône Alpes, "De l'usage des indicateurs pour la conception", Annecy, Septembre 1998.

[SEN 99a] SENECHAL O., TAHON C., *Simulation des processus et activités pour une mise en œuvre transversale du contrôle de gestion*, MOSIM'99, 2è conférence francophone de modélisation et simulation, « Modélisation et Simulation des flux physiques et Informationnels, G. Habchi et A. Haurat, SCS Publication, Annecy 1999, pp 145-150.

[SEN 99b] SENECHAL O., TAHON C., *Simulation de la production pour la conception simultanée du produit et du processus de réalisation*, Chapitre 5 de l'ouvrage collectif ECOSIP « Pilotage et évaluation des processus de conception », coordonné par J. Perrin, Collection Economiques, éditions L'Harmattan Paris, mars 1999, pp 107-136.

[SEN 99c] SENECHAL O., TAHON C., *Pertinence et applications du concept d'activité pour le pilotage de la performance industrielle*, Journées du Groupement de Recherche en Productique (GRP), session commune des groupes « Modélisation d'entreprises » et « Evaluation de performances », Ecole des Mines d'Alès, 9 Juin 1999.

[SEN 99d] SENECHAL O., *Contribution à l'intégration des métiers de l'ingénierie et de la gestion par la modélisation et la simulation des processus, dans une démarche de pilotage des performances de l'entreprise*, Session invité Journée AFITEP, Villeneuve d'Ascq, Septembre 1999.

[SIM 57] SIMON HA. *Model of man*. New Your : John Wiley 1957

[SOE 01] SOENEN R. *Rapport d'activité du projet METACOG: Méthodologique d'Aide à la Conception pour un Coût Objectif Global*, programme CNRS PROSPER, Janvier 2001.

[TAH 00] TAHON C. et FREIN Y., *Document de synthèse du Groupe de Recherches en Productique – Thème 4 : Evaluation de Performances*. 2000.

[TAH 97] TAHON, C. (Ed.), *Une méthodologie de conception de système de pilotage simultané de projet de construction*. Editions du Plan Urbanisme Construction Architecture (PUCA), collection Recherche : Paris, 1997.

[TAR 83] TARDIEU H., ROCHFELD A.et COLLETTI R. *La méthode MERISE, Principes et outils*, Paris : Les éditions d'organisation, 1983.

[THE 02] THEROUDE F. *Formalisme et système pour la représentation et la mise en œuvre des processus de pilotage des relations entre donneurs d'ordres et fournisseurs*. Thèse de l'Institut National Polytechnique de Grenoble, 17 juillet 2002.

[TIC 96] TICHKIEWITCH S., *Specifications on integrated design methodology using a multi-view product model*, Engineering system Design and Analysis Conference, ASME'96 Vol8, pp 101-108, Montpellier, France 1996.

[TOL 01] TOLLENAERE M., *La connaissance, ressource des processus de conception*, Journées du Groupement de Recherche en Productique, Groupe 6, Toulouse, Novembre 2001.

[TOM 00] TOMALA F., SENECHAL O., TAHON C., *Study of the performance evaluation of an innovation*, Advanced Summer Institute ASI 2000 : Life Cycle Approaches to Production Systems: Management, Control, Supervision, September 18th - 20th, 2000 Bordeaux, France.

[TOM 01a] TOMALA F., SENECHAL O., TAHON C., *Proposition d'application de méthodes d'analyse de données pour le management de la qualité en conception de produit*, Qualita2001 du 18 au 20 mars, 2001 Annecy, France.

[TOM 01b] TOMALA F., SENECHAL O., TAHON C, *Modèle de processus d'innovation*, MOSIM2001 du 25 au 27 avril 2001, Troyes, France.

[TOM 01c] TOMALA F., SENECHAL O., *Évaluation de performance a priori d'une innovation*, JDA2001 25 au 27 septembre 2001, Toulouse, France.

[TOM 02b] TOMALA F. *Proposition de modèles et méthodes pour l'aide à l'évaluation des performances d'une innovation dès sa conception*, Thèse de doctorat de l'Université de

Valenciennes, LAMIH Equipe « Systèmes de Production », Octobre 2002, co-encadrement Tahon C. et SENECHAL O.

[TOM 03a] TOMALA, F., SENECHAL, O. *Évaluation prospective de la performance des systèmes de Production – Considérations économiques.* Chapitre 6 de l'ouvrage collectif GRP « Evaluation des performances des systèmes de Production », coordonné par C. Tahon, Traité IC2 Hermès Paris, Mars 2003, (pp. 123-141)

[TOM 03b] TOMALA, F., SENECHAL, O *Proposition d'application de méthodes d'analyse de données pour le calcul du coût d'utilisation d'un produit,* CPI2003 : 3ème Conférence International de Conception et Production Intégrées, du 22 au 24 octobre 2003, Meknès, Maroc.

[TOM 04] TOMALA F., SENECHAL O., *Innovation management : academic and industrial point of view,* International Journal of Project Management, Vol.22, pp 281-287, 2004.

[TRE 03] TRENTESAUX D., *Pilotage hétérarchique des systèmes de production,* Habilitation à diriger les recherches, LAMIH, Equipe « Systèmes de Production », Université de Valenciennes, 19 Décembre 2002.

[VAL 03] VALLESPIR B., *Modélisation d'entreprise et architectures de conduite des systèmes de production,* Habilitation à diriger des rechereches de l'Université Bordeaux I, 19 décembre 2003, Bordeaux.

[VAL 93] VALLESPIR B., MERLE C., DOUMEINGTS. G. *– GIM : a technico-economic methodology to design manufacturing systems.* – in Control Engineering Practice, vol. 1, n°6, Oxford : Pergamon Press Ltd, 1993

[VER 96] VERNADAT F., *Enterprise modeling and integration, principles and applications,* édition Chapman & Hall, 1996.

[WEI 99] WEIL B., *Conception collective, coordination et savoirs : les rationalisations de la conception automobile.* Thèse de doctorat de l'Ecole des Mines de Paris, 1999.

[WIE 48] WIENER N., *Cybernnetics or Control and Communication in the Animal and the Machine,* Herman et Cie, The Technology Press, John Wiley and Sons, 1948; deuxième édition augmentée, The MIT Press, 1961.

[XUE 91] XUEREB J.M., *Une redéfinition du processus d'innovation,* Revue française de gestion, juin- juillet- août, 1991.

[ZAC 93] ZACKLAD M., Groupe COOP, ROUSSEAUX F., *Projet GEOCOOP, Conception d'une méthode d'acquisition des connaissances contextuelles et de modèles de coopération :*

Application au développement d'un système géographique d'aide à l'estimation du risque et à la gestion de crises, Rapport de Recherche de l'INRIA N°2052, Octobre 1993.

[ZEM 01] ZEMOURI R., RACOCEANU D., ZERHOUNI N., DURAND S. *Simulation et évaluation des performances d'un atelier de maintenance*. Proc. of the Symposium International sur la Maintenance Industrielle, SIMI'2001, sur CD ROM, 10 pages, 21-23 janvier 2001, Alger, Algérie.

[ZWI 96] ZWINGELSTEIN G. La maintenance basée sur la fiabilité, guide pratique d'application de la RCM, Hermès Paris 1996.

www.ingramcontent.com/pod-product-compliance
Lightning Source LLC
LaVergne TN
LVHW042340060326
832902LV00006B/294